手技で
鼻を
高くする

美鼻革命

「隆鼻矯正」の施術とセルフケア

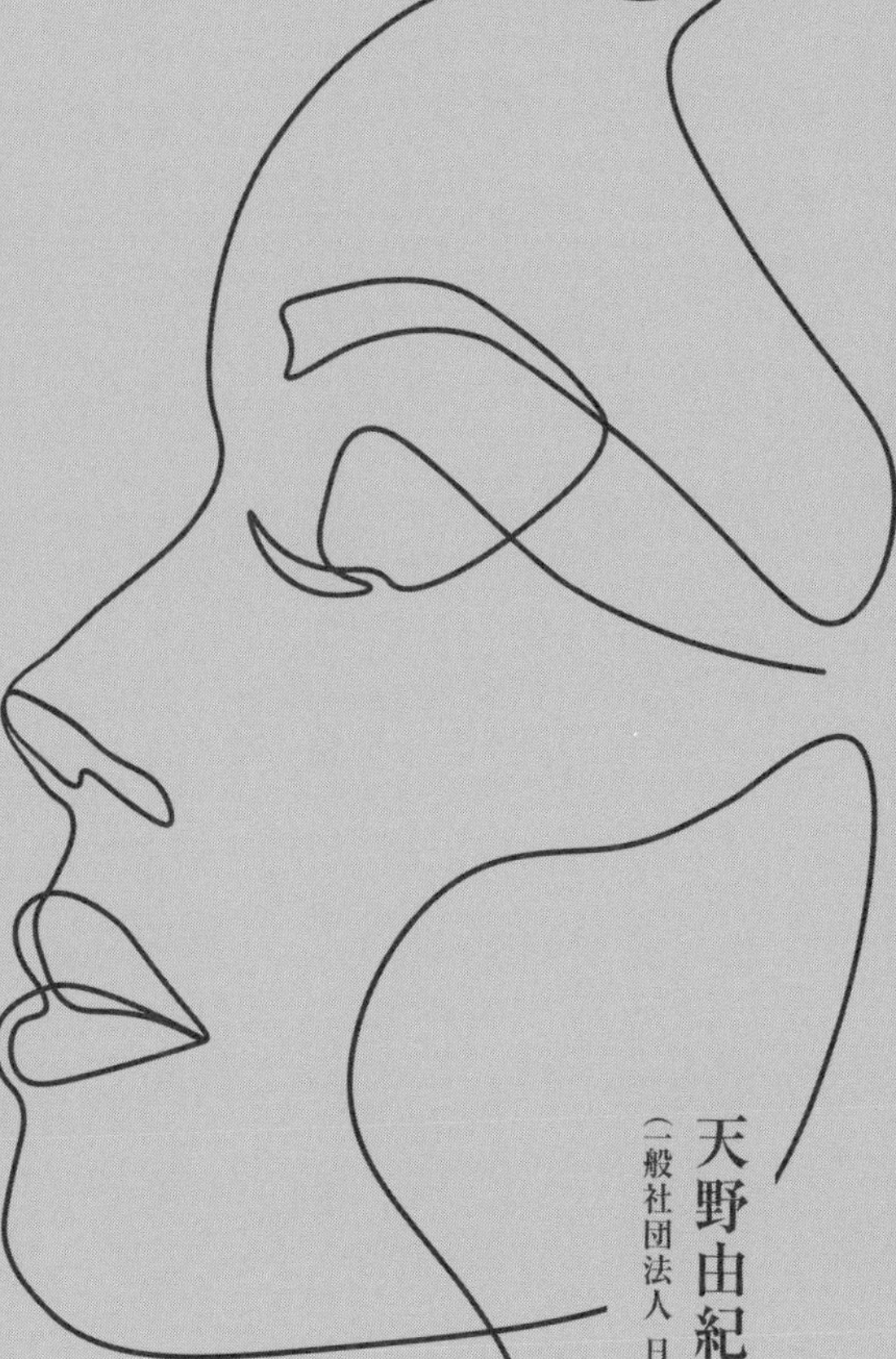

天野由紀子
（一般社団法人 日本隆鼻矯正協会 代表理事）

BAB JAPAN

はじめに

２０１１年東急東横線「学芸大学駅」に小顔と鼻のお店をスタートし、1年後の２０１２年「中目黒駅」から徒歩2分、アクセスよく駅チカで静かな場所に「隆鼻矯正専門店 Raplit（ラプリ）をオープンしました。

この当時、鼻の矯正は、「ありえないもの」だったのでは、と思います。あったらいいけど、本当なの？と疑われるもの……。技術と理論が確立していたわけではなく、お客様お一人お一人の要望に答えるために、必死で技術と理論を編み出していったという年月でした。

専門店として店舗をスタートさせたのは、他のメニューに逃げることなく、鼻の矯正で生きていくと腹を決めたからです。

「鼻の専門店」のお店をスタートしたいといったとき、まわりの友人知人や経営者の方からは「メニューがいろいろないと経営はできないよ」というアドバイスがほとんどでした。ビジネス面からいうと、まわりの方がほとんど反対するものの中にしか当たるものはないと思っていましたので、やりがいがありそうだなと確信する部分でもありました。

鼻の矯正にこだわったのは、もともと私自身が鼻にコンプレックスを持っていたからです。自分の顔を見て、なんで私はこんな顔なんだろうと、くよくよする思いを強く持っていたので、同じく鼻の悩みのある方の思いがよくわかりました。

あまり細かいことをいってバカにされたらイヤだし、でも誰かに聞いてほしいし、少しでも改善したいし、美容整形したいけど怖いし……など悩みは尽きません。「美容」にはポジティブな側面と、闇の面があり、過度に美を追求しすぎると、幸せがこぼれ落ちてしまうこともあるのかなと思います。とことん追求することで花開く文化もありますが、追い求める方のメンタルに強さがないと、しんどい世界にはまってしまうのでは、と思っています。

鼻の悩みは深い悩みに結びつきやすい側面があると、直感的に思っています。矯正をすることで鼻全体の形状が変わり、コンプレックスが薄まると、鼻について考えなくなり、目の前の幸せに気づいて人生が好転することへの手助けができるにちがいない……そう思うのです。

私はこれを天職と感じています。

また「手技により鼻の形状がここまで変わる」と追求することへの面白さも手伝い、鼻の矯正をはじめて9年、いまだに鼻の矯正の奥深さに魅せられています。

美鼻革命　もくじ

※「隆鼻矯正」は、隆鼻矯正専門店ラプリの登録商標です。

―序章―

整形なしで「鼻」を高くする

整形なしで鼻を高くする「隆鼻矯正」とはどういうものか

「隆鼻」とは、もともと美容整形の専門用語です。読み方は「りゅうび」です。鼻を高くしたり、鼻筋をスッと細く高く際立たせたり、鼻全体を美しく外科的治療により整えることです。

「矯正」とは、小顔矯正や歯列矯正からもイメージできるように、「美容」においては、骨や筋肉（歯列矯正なら「歯」）及びその周辺組織に働きかけて、形状を美しく整えることに主に使われます。

私が行っている「隆鼻矯正」は、外科的な手術や注射による注入なしに、手技だけで、美容整形のような効果を出そうとするものです。隆鼻矯正の手技では、次のようなことを行います。

・鼻全体の高さを出す。

・目と目の間にある鼻の根元の高さを出す。
・鼻筋を整える。
・小鼻をスッキリと見せる。
・鼻の曲がりを目立たなくする。

具体的には、頭蓋骨の鼻にあたる鼻骨、上顎骨《じょうがくこつ》の一部、前頭骨の一部、軟骨部分、その周辺組織に適宜な刺激を与えて鼻全体を整える矯正です。サロンでは、頭蓋骨の歪《ゆが》みにより、鼻の形状が曲がりとなって影響されている場合、頭蓋骨全体の矯正も併せて行います。

「鼻」は嗅覚器と同時に、呼吸器としての大事な役割があります。鼻が機能しない場合、口からも呼吸できるように補完し合う機能を持っています。「鼻」の機能そのものは、高さがあろうとなかろうと、鼻の穴から内側が最も大切な機関です。私たちの祖先は、住んでいた地域に適合するために肌、筋肉、骨の形状を進化させ、鼻の形状も進化させてきました。

適合するのに必要だから高い鼻になったり、低い鼻になったりしてそれを引き継いでいます。高さがあると、外部の衝撃から大切な機能を守るため、鼻の低い方に比べて、鼻の骨が相対的にかためへの傾向があります。また高さがなく、肉厚で丸みの強い鼻先端の方は、形状としては好みでないかもしれませんが、衝撃に強い優れた鼻です。そのため、骨がかたくなる必要がないので、鼻筋が生じにくい傾向があると思います。

とても低い鼻の場合、頭蓋骨の一部である鼻骨等より先端の軟骨部分のほうが、かたさがある場合があるほど、体は不必要に骨にかたさをつくり出さないようです。人体の神秘だわ！と密かに感動しておりますが、あまり人には伝わらないので、普段はお話ししていません。

この呼吸器としての鼻のかたさの特性を逆に利用して、鼻の高さや鼻筋、鼻全体を整えることを手技で行うのが「隆鼻矯正」です。

「隆鼻矯正」は非常に繊細な手技で、手の感覚が敏感であることが要求されます。今まで何人ものスタッフやフランチャイズ店舗に技術を教えてきましたが、マッサージやエステの業界歴が長く、腕に自信のある施術者でも、はじめのうちは挫折します。

「今まで習ったどの手技よりも細かい」

「自分にはこれができるようになるとは思えない」

「自分の手が鼻のどこに当たっているのか見当もつかない」

「左右の手を同じように使えない」

という言葉をよく聞きました。しかし、わかるようになるまでコツコツと謙虚に練習し、美しい鼻を自分の手でつくり上げる、とコミットしている施術者は必ず伸びます。

たとえば、あなたは美的センスと繊細さのない美容整形外科医の方に執刀していただきたいでしょうか。歯列矯正医師に歯列矯正を委ねたいでしょうか。

目で見た鼻の形を整えるのに、手の感覚を研ぎすまして、手から感じる鼻の骨の形状を読み、鼻を矯正により美しく整えていく……。

「隆鼻矯正」はマニアックな施術といえるでしょう。

「隆鼻矯正」は、鼻の曲がりの矯正も含みますが、鼻の曲がりはさらに難易度が高くなります。

そして、やりがいがあります。鼻の曲がりは100人いたら100通り、全く異なるからです。曲がりの理由も一つではなく、複合的な理由で生じているので、その理由を解明し、どのような曲がりがミックスされたものなのかを紐解きながら、回数を重ねるごとに施術を少しずつ変化させて整えていきます。

曲がりを矯正しながら、同時に美しい形状の鼻へと整えていく過程はとても楽しいものです。

本書でも、鼻の曲がりについて簡単な傾向をお伝えしていますので、ご覧ください。

MRIで比べてみました

次ページの画像は、実際にご来店されているお客様より提供いただきました。

サロンに来店される前に、たまたまMRIを撮られており、その後、店舗に7回通って施術を受けたのち、再度、MRIを撮られたそうです。担当医より、「鼻が高くなっている?・?」とたいへん不思議がられたと、お客様がうれしいご報告をくださいました。

後日、再度このMRI画像を別の脳外科医に見せたところ、やはり、

「鼻が高くなっています」

と、MRIをよく見慣れている医師2名に、ビフォーアフターで変化があったことを確認いただきました。

左が施術前（ビフォー）、右が施術後（アフター）
○で囲んだところに注目。上の画像は、上顎骨の一部と鼻骨の骨がやや前に出ているのがわかる。鼻軟骨はよりしっかり前に出ている。軟骨の色は、アフターのほうが白色がはっきりと濃いことから、強度が増していることもわかる。

▼ ○ の部分、上顎骨の一部と鼻骨の高さが変化。

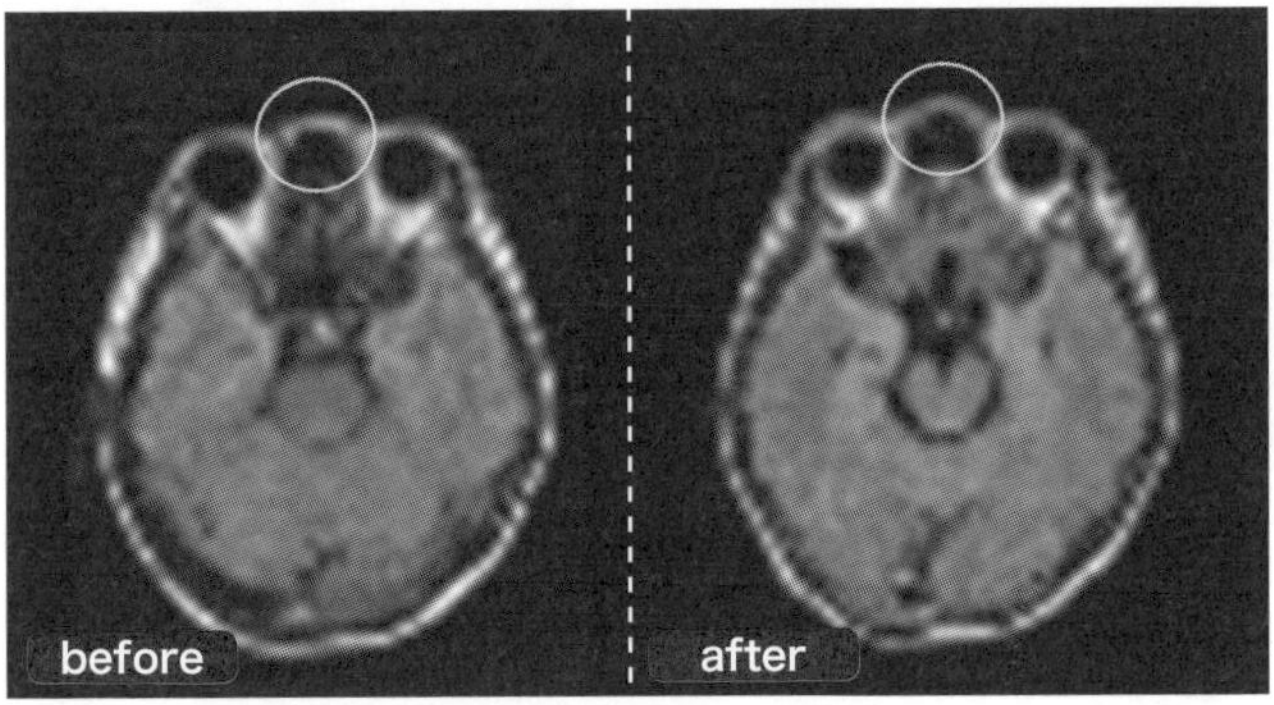

▼ ○ の部分、鼻軟骨部分の高さが変化。

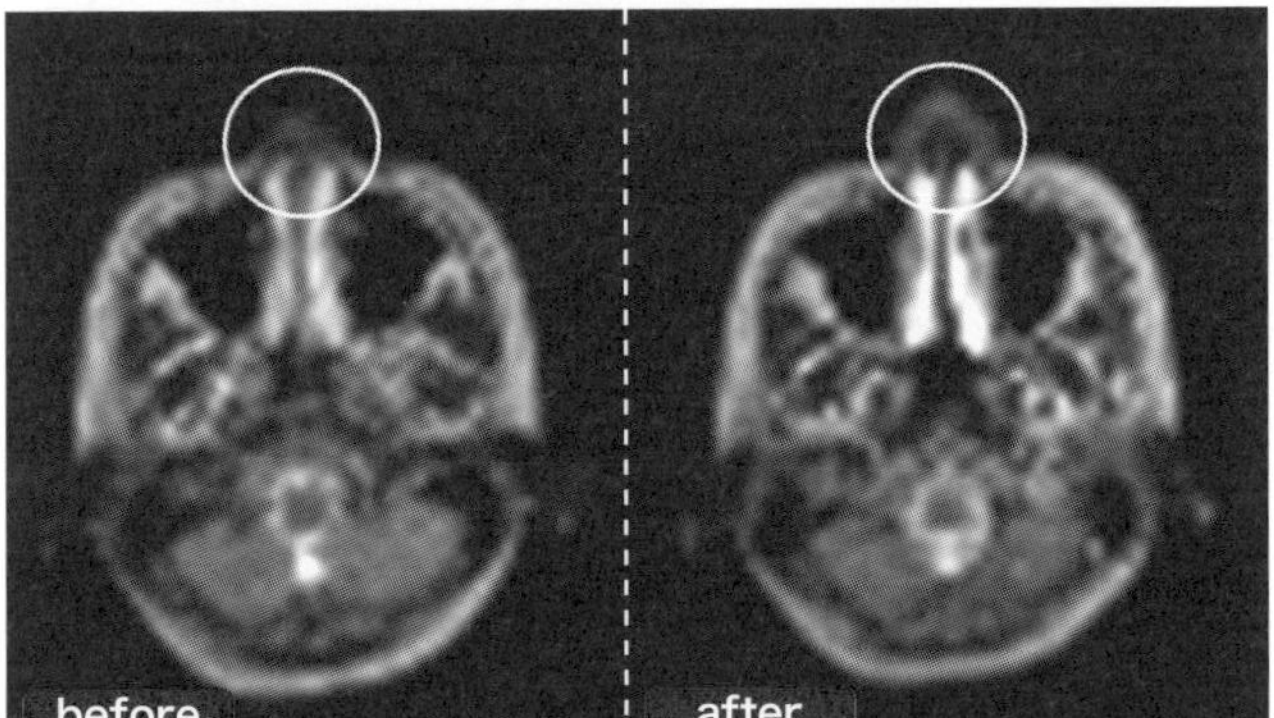

＊実際にご来店いただいているお客様のご厚意により、了解を得て掲載させていただきました。

「手技」でこれだけ変わります

隆鼻矯正は、さまざまな希望に対処しています。実際にどのくらい変化があるのか、「見た目」でもご覧ください。

20代　女性　隆鼻矯正＋輪郭矯正

鼻の根元から高さが出て、鼻筋から鼻先端まで適度なかたさがつくられたことで、鼻全体のラインが変わりました。

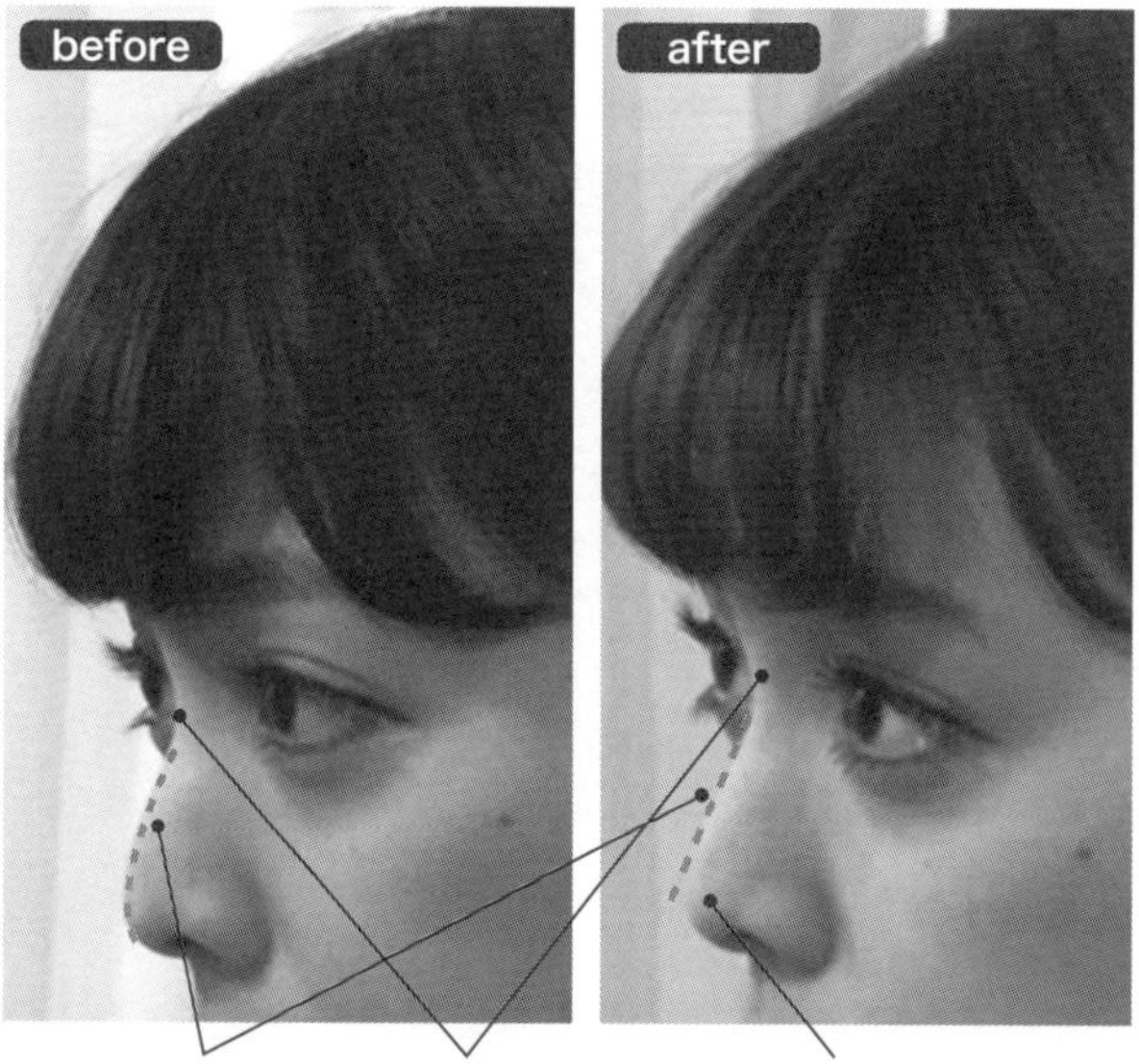

鼻筋が真っすぐになり、すっきりと高さが出ている

鼻根の高さが出ている

鼻の丸みが目立たなくなっている

20代　女性　隆鼻＋輪郭矯正

鼻のつけ根が出て、顔は全体的にひとまわり小さくなりました。
この方は、矯正7〜8回目でつけ根の高さを感じたということです。

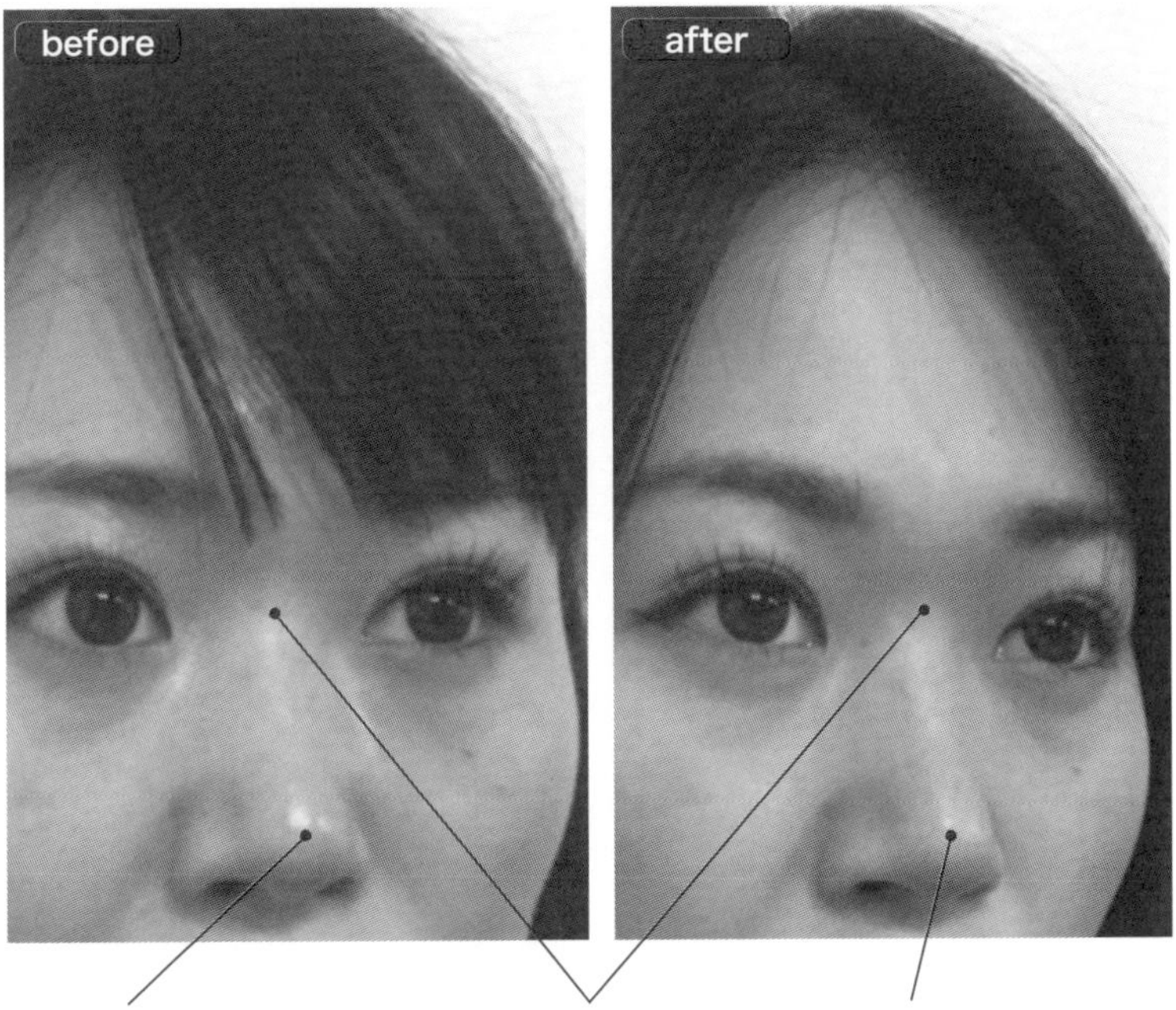
鼻先が丸い
鼻のつけ根部分が
高くなっている
鼻先が左より
はっきりしている

20代　女性

鼻はもともと高さのある方なので、全体の高さを出すというより、根元の高さを少し出しながら鼻全体を細くし、小鼻が小さく見えるようにしました。

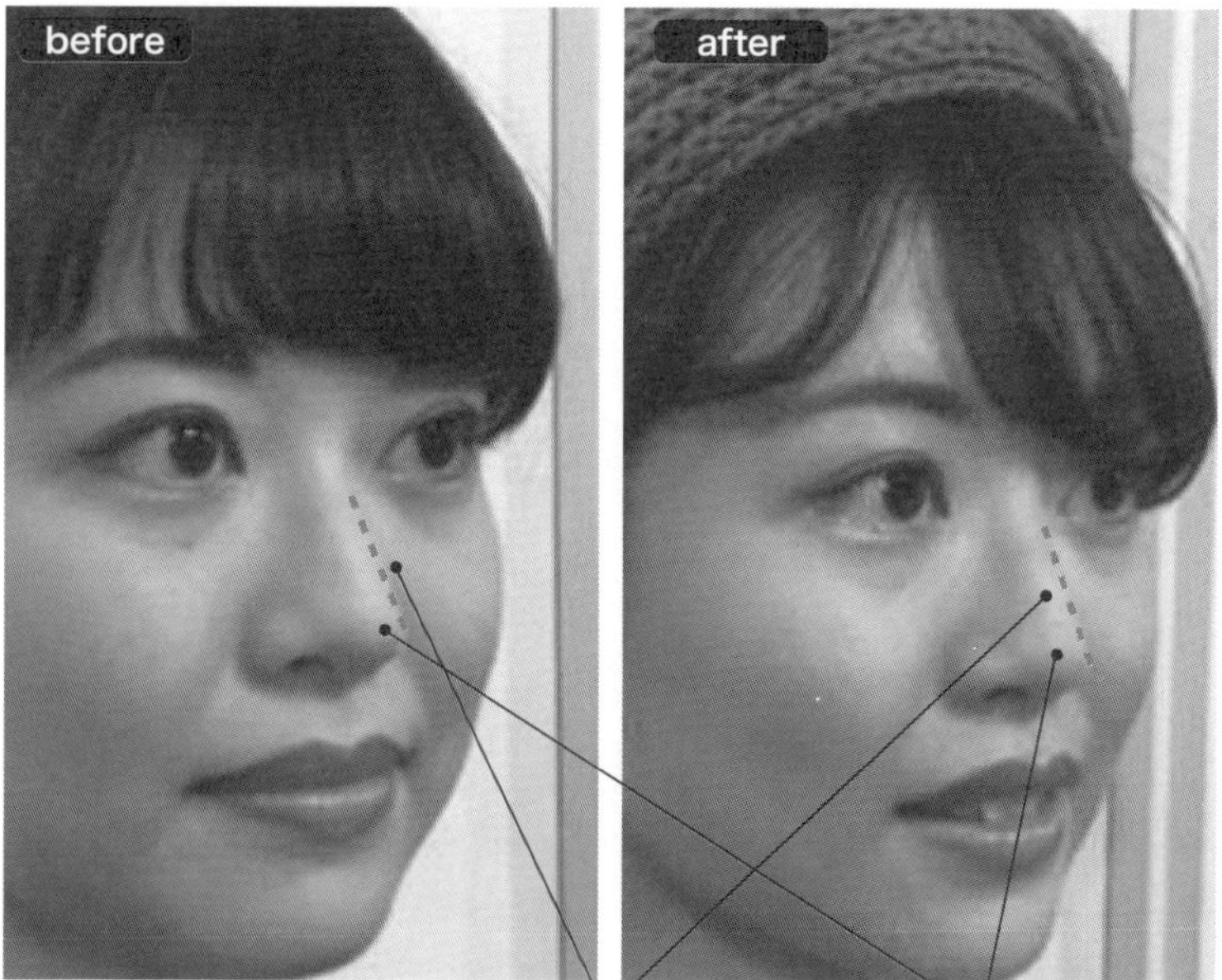
鼻筋が細くなっている
鼻先がすっきりとし、
鼻が小さくまとまっている

20代　女性

鼻の高い方ですが、鼻筋をシャープに整えました。施術後、複数の友人に「なんかキレイになったね！」といわれたとのことです。

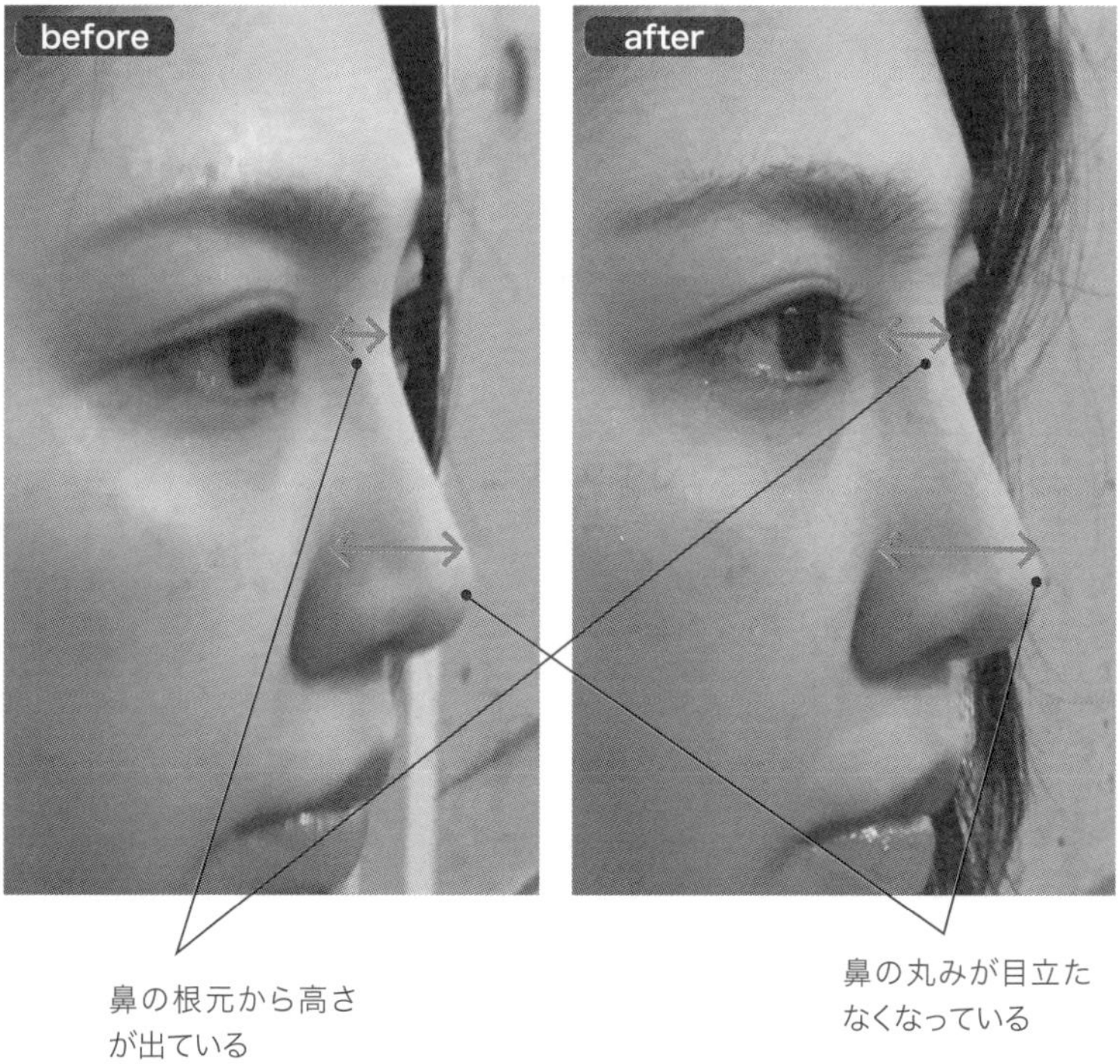
before
after
鼻の根元から高さが出ている
鼻の丸みが目立たなくなっている

美容整形との違いは？

持って生まれた組織だけで鼻の形を整えていくため、仕上がりが自然です。矯正は、鼻単体が美しく仕上がるかどうかより、顔全体とのバランスが美しく自然であることをゴールと考えています。次ページ、20ページでもおわかりいただけることでしょう。

私の個人的な見解ですが、日本人の鼻だと、削ったほうがよい場合は少ないのではと感じています。削ってしまうと、鼻を支える骨や軟骨が柔らかくなってしまい、鼻先端にかけての軟骨部分も弱くなり、全体の形状として丸みを帯びやすくなってしまうからです。

日本人の鼻の多くはそもそも丸みを帯びやすく、支える骨を削ると丸みを加速させ、追加の整形を行わなくてはならなくなります。もちろん全体がキレイに仕上がっていればよいのですが、整形をする箇所が増えるほど、鼻に自然な感じがなくなり、「整形した鼻」という印象が強くなります。自然な仕上がりを望むのであれば、整形箇所は少ないほうがよいと感じます。

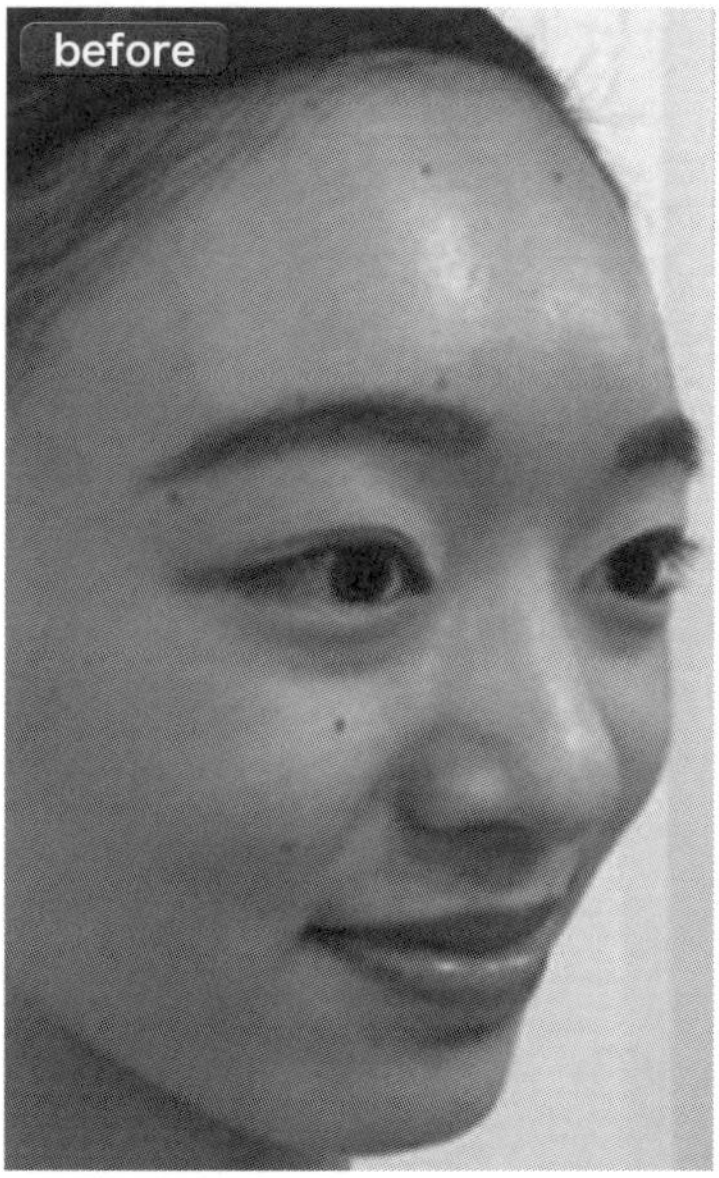

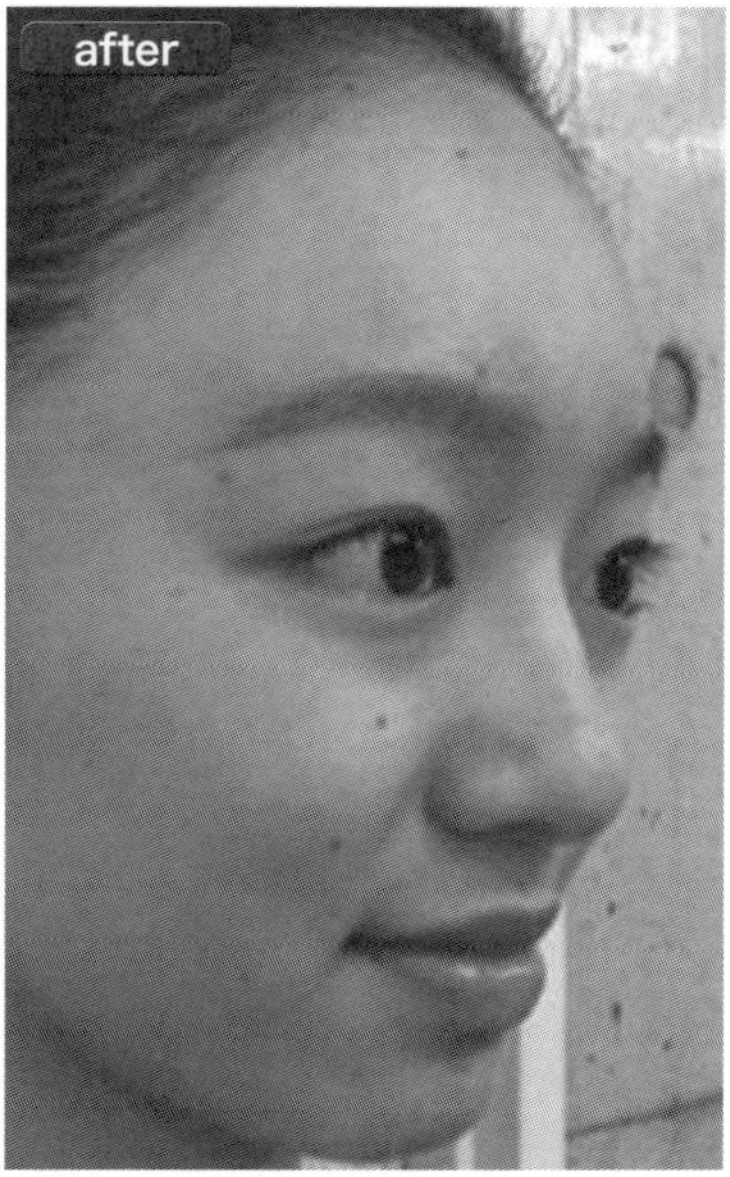

20代　女性

目がクリっとして大きく丸みを帯び、口も適度な厚みと丸みがあり、顔は小さく卵型です。この顔立ちからすると、鼻は丸みを帯びていても全体にかわいらしく、違和感がないので、根元の高さと鼻筋、鼻全体の高さを出すと、先端も引き上げられ、バランスがより整います。

美容整形をして、鼻を細く、先端に鋭さを出しても美しいかもしれませんが、顔全体とのバランスから見ると、美容整形をせずに矯正の範囲内にし、鼻に丸みが少し残っていても充分美しく仕上がります。

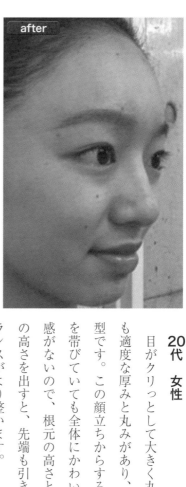

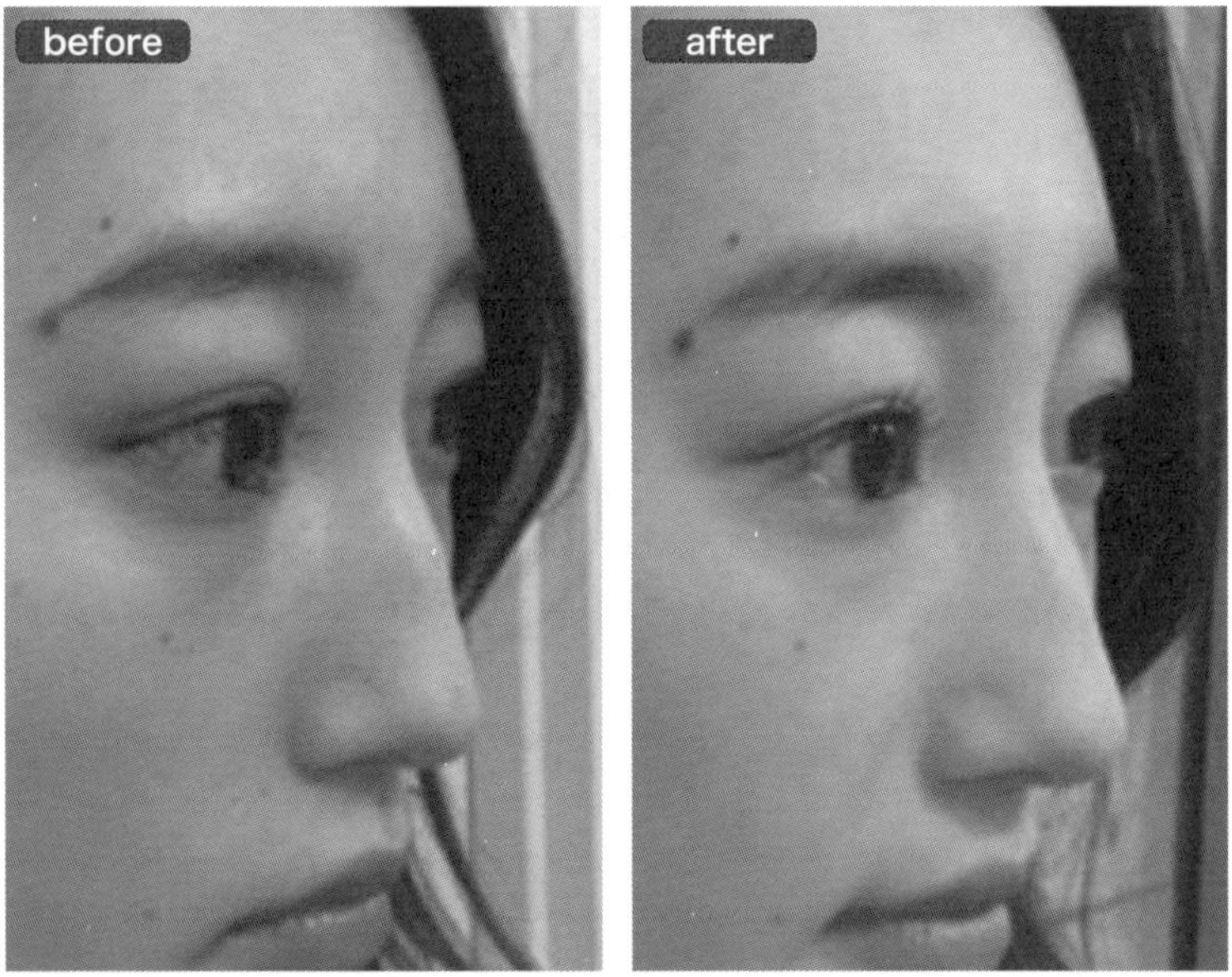

20代　女性

鼻がもともと高くて鷲鼻《わしばな》ぎみ。美しい鼻ですが、ご本人は気になっていました。

美容整形をすると、出っ張っている鷲鼻部分の鼻骨や外側鼻軟骨《がいそくびなんこつ》の上部、鼻中隔上部の一部を削ったり、鼻の根元にヒアルロン酸を注入したりするかもしれませんが、矯正の場合、まず鼻全体の高さとかたさを出し、鼻の根元の高さを強化して、出っぱっていると感じる部分を少しなだらかになるように整えます。かたさを出し、先端にかけての鼻筋をスッと見えるように整えていくと、鼻筋の出ている部分を感じにくくなり、悩みが緩和されます。

─第1章─

「鼻」のこと、どれくらい知っていますか？

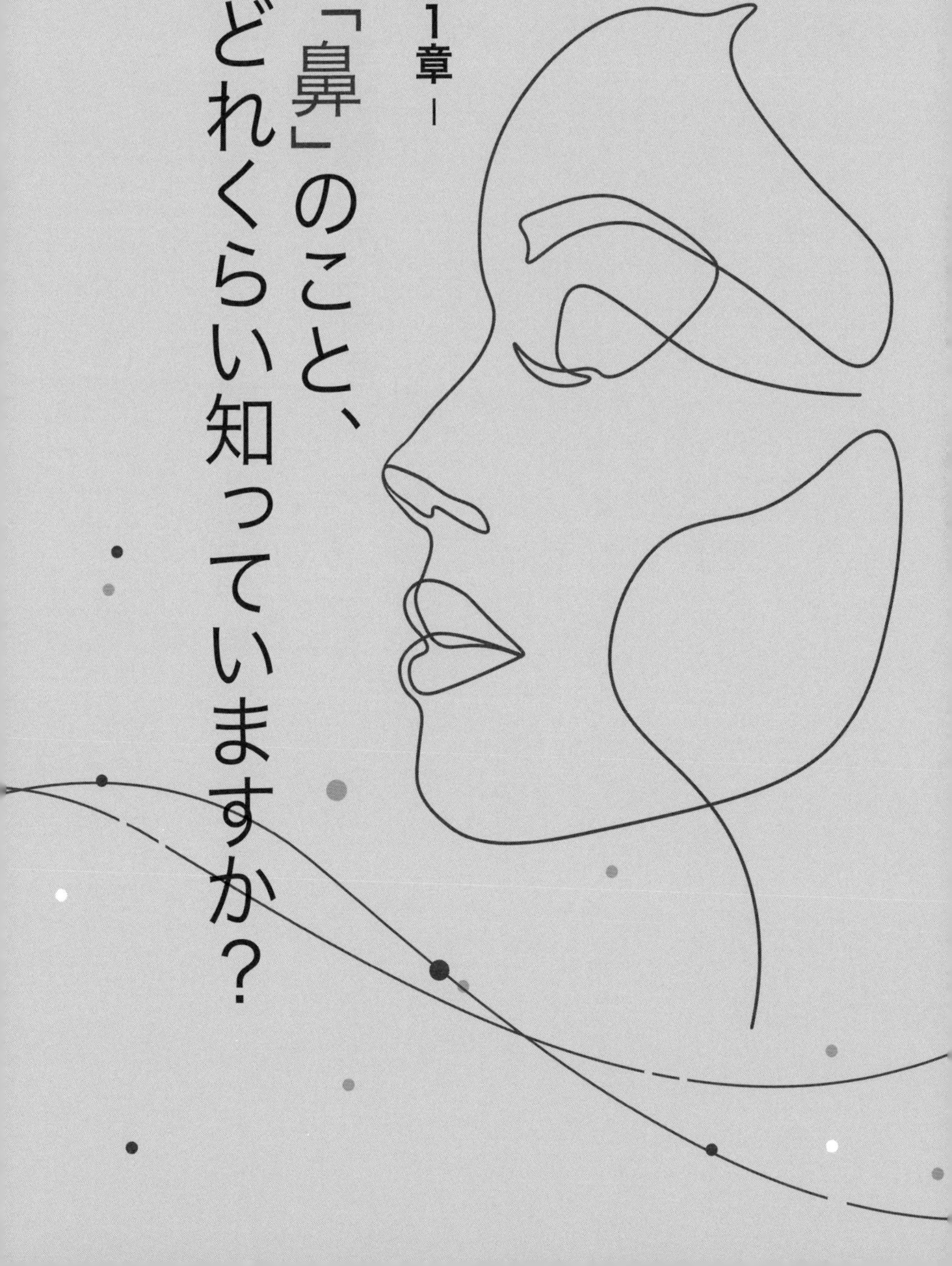

美容整形の「鼻」事情

美容整形の「今昔」

ここ数年、美容整形は身近なものになってきました。簡単な手術やフィラー（ヒアルロン酸やボトックスなどの注射による注入）は、「プチ整形」といわれ、美容整形ではないもの、お手軽なもの、という認識になってきているように思います。

来店されるお客様の話をうかがっても、実際にプチ整形で「大失敗した！」ということを聞くことはほとんどありません。失敗というと、ヒアルロン酸注入の量を入れすぎた、おでこのボトックス注射の位置がよくなくて、目の開きに影響が出た、ということが聞かれるくらいです。ヒアルロン酸なら、ヒアルロニダーゼで溶かせます（ヒアルロニダーゼでアレルギー反応が起こる場合はできない。注入した量が多いと1回では溶かしきれないことがある）。また、ボトックス注射なら、半年くらいすると効果はなくなります。

気軽に考えられているフィラーですが、鼻へのヒアルロン酸注入で失明の危険もゼロではありません。ボトックス注射もボツリヌス菌という猛毒を薄めて注射しているので、妊娠の可能性がある方は注射できません。リスクはゼロではないけれど限りなく低い、という認識です。

フィラー好きな女性の話をうかがうと、フィラーは、男性医師より女性医師のほうがうまいのだとか。フィラーをする女医は、普段自分でメイクをするので、自分の顔でも試しているし、どこにどのように注入したいかがよくわかっている、ということだそうです。

一般社団法人日本美容外科学会の調査によると、美容整形の一番人気は「目」の整形だそうです。糸で固定して二重瞼《まぶた》をつくる埋没法で失敗しても、元に戻ってしまうくらいで、それほど怖くはないのかなと思います。

切開だと、目頭の切開を切りすぎたり、皮膚を除去しすぎたりといったことがあるようです。顔全体が西洋人に近い顔立ちだと、目頭切開＋切開による並行二重瞼も美しいのですが、典型的な日本人の顔立ちだと、切開して末広がり二重、または二重瞼の幅が広すぎない並行二重くらいが、美しい仕上がりになることが多いようです。

とはいえ、顔全体のバランスを見ながらの整形を行える医師にあたらないと、二重そのものの仕上がりがキレイでも、顔全体のバランスがとれず、違和感を感じる顔立ちになってしまいます。この部分は執刀する医師のセンスの見せどころになってくるのかなと思います。

鼻の美容整形

美容整形において、「鼻」もまた、同様に関心が高い箇所です。

私は鼻の矯正を専門にはじめてもうすぐ9年になりますが、鼻の整形ほど流行りすたりが多い美容整形はないのではと思えるほど、数年前に流行ったものがあっさりなくなる印象があります。

鼻筋を通し、高さを出すためのプロテーゼは、L字型のものから、主流がI型プロテーゼに変わりました。よく考えてみると、鼻の構造は、瞼の構造に比べて、複雑にいろいろな構造で成り立っています。だから、L型プロテーゼで一気に高さと鼻筋を出してしまうというのは、無理があったのかなと思います。

Before
After

鼻の高さを出すのに、ヒアルロン酸注入はポピュラーですが、私が隆鼻矯正をはじめた当初は、レディエッセ（カルシウムを含むジェル状の物質）を注入されている方も多くいました。ただ、レディエッセは取り出すのが難しいこともあり、今では下火です。アクアミド（水分にポリアクリルアマイドという成分が混ざった物質）注入も、最近取り扱っている病院はほとんどないかと思います。

ヒアルロン酸にしても、種類がだいぶ増えてきました。いくつかの病院で、種類の異なるヒアルロン酸を注入される方もいらっしゃいますが、これはあまりおすすめしません。どうせなくなってしまうから平気、と思われるかもしれませんが、一部残る方もいるのです。

病院同士でお客様のカルテを共有しているわけではないので、いくつか病院を渡り歩くのでしたら、どの病院でいつ何を注入したかを書き留めておくのが、もしトラブルになったとき、自分を守る手段になります。

外科手術はちょっと……ということで、隆鼻矯正に通うお客様は多くいますが、美容整形を経て私のサロンに通うお客様もいます。これらのお客様が来店される理由のほとんどは、次の

2パターンの理由によるものです。

整形の結果に不満足でサロンにいらっしゃるお客様、そして、整形の結果に満足はしていても、鼻全体を美容整形してしまうと、いかにも「整形しました」といった雰囲気になるので、整形と矯正をミックスして顔全体を自らデザインするという、とても美意識が高いお客様。たいていはこのどちらかの理由で来店されます。

私の行っている隆鼻矯正では、顔全体が美しく仕上がることがとても大切なので、実際にどの箇所の美容整形をしたかを教えていただきます。教えていただくことで、その美容整形箇所を避けて鼻と顔の矯正をしたり、また整形した箇所の傷が治ってから矯正をしたりすることができるからです。

サロンで施術にあたっている隆鼻矯正士の得意なことは、直に鼻に触って鼻の状況の変化を手の感覚で感じ取ることです。いってみれば、「鼻の職人」ですね。

職人全般にいえることかと思いますが、職人の歴が長いほど感覚が研ぎ澄まされます。細かい変化に気づき、適切な対応ができます。

隆鼻矯正士は、美容整形された箇所の状態変化、また鼻の右側と左側の左右差を感じ取ることができます。見た目はなんともなくても、一度切開した箇所は完全に戻っているわけではありません。注入したものが完全になくならない場合があるということも、感触によって知ることができます。

鼻に、フィラーによる注入や固形物を挿入した箇所は、どちらも取り除いたあと、鼻の組織が少し弱くなっていることがあります（固形物の場合は抜去手術後、半年はあけてご来店いただく）。その際は、適宜な刺激を入れ、骨及びその周辺組織の強さを戻していきます。戻してから高さやかたさを出す矯正に入りますので、マイナスをゼロにして、ゼロからプラスをつくっていく感じです。注入や挿入していない方より、時間がかかることがあります。

美容整形外科医の方に、お会いする機会も何度かあり、鼻の矯正の話をすることもあります。「面白いことをしているね」「理にかなっているね」といわれることも多く、実際に矯正を受けて「効果があるのがすごいな」という方々もいれば、否定的な方もいます。

矯正に対する、美容整形外科医の反応はさまざまです。

鼻先端、特に鼻先は、整形でも矯正でも、自然できれいな仕上がりをつくっていくのは最も難しいことだと思います。

もちろん、もともとの鼻の形がよく、すぐにシュッと見えやすくなる方もいらっしゃいます。難易度を感じやすい鼻の形状はおそらく整形でも矯正でも一緒だと思います。

鼻の穴のサイズ単体なら美容整形のほうが効果が出やすく、鼻全体を自然に整えたい、鼻の曲がりを整えたいのであれば矯正のほうがよいかと思います。

「美しい鼻になりたい」「鼻を高くしたい」と考えると、昔は美容整形の外科手術しか、選択肢がありませんでした。外科手術でないとできないこと、矯正のほうが得意なことなどを知っていただき、適切な方法で、鼻を美しくデザインしてほしいと思います。

コラム　鼻の美容整形を考えている方へ

私が美容整形のお話を詳しくするのもちょっと立場的に不思議な感じですが、鼻の美容整形で外科手術をする場合、気をつけたほうがよいことがありますので、ご紹介します。

プロテーゼ挿入した鼻の形状が気に入らなくて、抜去手術をしてからご来店になるお客様も多くいます。一度手術した箇所は外側から見ると、注入物を取った分、鼻が低くなったと思われるかもしれませんが、中の組織が完全に元に戻るわけではなく、やはり一度切開した箇所は変化があります。不思議なかたさが局所的に起こってしまったり、皮膚が陥没してしまったり、赤みが長く残ってしまったり、といった新たな鼻の悩みを抱える方もいます。いろいろ病院を調べて納得してから、美容整形手術をされることがよいと思います。

鼻の美容整形で最近流行っているプチスレッドとは、糸を使った「切らない隆鼻術」です。サロン来店前に受けられているお客様も多いのですが、うたい文句以上に、元に戻るのが早い！

column

と不評です。こちらはまだまだ改善の余地がありそうです。

ポリカプロラクトンも最近流行っていますが、特に鼻先先端に入れる丸いボール形状のものは、挿入されている鼻先端を見ても、不思議な形状である場合もあり、こちらもまた、改善の余地が多そうです。

これは周知のことだと思いますが、美容整形もドクターの美容センスと腕次第。そして整形を受ける側の人も、過度な期待をしすぎない。微妙な差異はそもそも人の顔にはある。そして後悔しないためにも、病院とドクターをしっかりと調べて選ぶ。腕のよいドクターはものすごく安い価格では手術しない。意味のない高額な病院は避ける。そしてドクターも人間なので、体調が悪いときもあれば、失敗することもある。これらを肝に命じておきましょう。

軽い気持ちで手術して結果がかんばしくないと、最初のコンプレックスの気持ちがさらに深い悩みになってしまう可能があります。コンプレックスが乗じて「美」のダークサイドに落ちないようにするためには、過度な期待をせず、よくよく調べて冷静な気持ちで手術に臨まれることが大切かと思います。

危険!!「自己流矯正」はまねしないで!

「自分で鼻を高くする方法」と、ネットで検索すると、いろいろなやり方が出てきます。

私も「自分で鼻を高くする方法」のユーチューブ動画をあげていますが、私がご紹介しているのは、どんなタイプの形状の鼻の方が行っても、安全で、リスクのない方法です。

サロンにいらっしゃるお客様の中にも、他の人の動画や記事を参考に、自分で行っていた方が多くいらっしゃいます。実際にお客様が行っていたことがあるものの一つに、「鼻たたき」というものがあります。

鼻を、指や物を使ってコンコンとたたくというようなもの。実は、これは完全に間違っている!というわけでもありません。コンコンと地道にたたくことで、かたさが出てくることもあり、「鼻骨」「上顎骨の一部」といった土台がしっかりとしてくることにつながります。ただ、気をつけていただきたいのは、高さは出づらいかもしれないということ。これだけで鼻筋を通すのは、難しいかもしれません。

実際、来店されているお客様で「鼻たたき」を頑張りすぎてしまい、鼻骨が小さくかたくなっていたことがあります。それを元の状態に戻すのに、たくさんの時間がかかってしまいました。逆効果になってしまうこともありますので、やりすぎには注意ですね。

また「鼻を引っ張る」というのもあります。これも、大きく間違っているわけではないのですが、動画を見ての自己流となると、たいていの場合、間違ってしまうことが多いのです。人によって、結果も変わってきます。

鼻を引っ張るときに、鼻の中盤から先端の柔らかい部分、軟骨の部分を引っ張ることが多いと思います。軟骨上部とそこにつながる鼻骨下部、上顎骨の一部は連動しているのですが、この連動には強弱があります。連動が強い方だと、鼻を引っ張っただけで高さが実際出てくる場合があります。問題は連動が弱い方です。連動の弱い方が鼻を引っ張ると、鼻先端が丸みを帯びてしまい、ふわりと大きく感じてしまうことがあります。鼻を引っ張って、高さが出た方と、大きくなった方、結果に差が出てしまうのは、この連動の強弱によるものです。

鼻を引っ張ることで起こるもう一つの問題は、引っ張るときの指です。たいていの場合、親指と人差し指でつまんで引っ張ると思うのですが、ものをつかむときに、親指と人差し指の圧は反対に向かいます。実際に行ってみるとわかるのですが、親指は押す力、人差し指はひねる力が働きます。このことで、鼻を曲げてしまう可能性が出てきます。

キレイな鼻をつくりたい方は、この「鼻を引っ張る」をむやみに行うことは避けてください。専門知識のない方が、親指と人差し指で鼻をつまんで引っ張るという行為をすすめているかもしれませんが、本当に美しい鼻をつくりたいという気持ちがないのかなと思ってしまいます。

鼻は数回、つまんだり引っ張ったりしただけでは大きく変わらないかもしれませんが、コツコツと10年20年と、同じ触り方を繰り返すと、形状が変化してきます。

正しい鼻の触り方で、美しい鼻をつくっていきましょう。

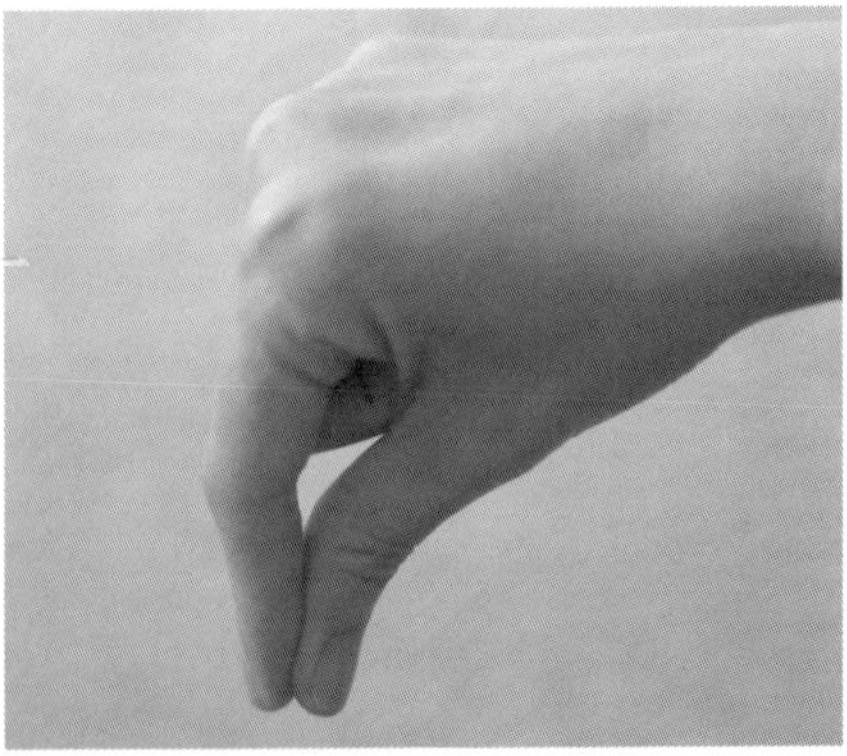

親指と人差し指の圧の方向が違うので、この2指で摘むと鼻が曲がる!

鼻の好みは男女で違う

鼻の形は古今東西、好みが分かれると思いますが、こと日本人の好みは、すらっとしてキレイな、鼻筋の通った鼻が、男女ともに好まれると思います。

全身も美しくて、顔全体も鼻もキレイな、長澤まさみさんのような理想的な方もいらっしゃいます。うらやましいですね。

小さくてかわいらしい鼻は、女性の場合、顔立ちと合っているとキュートに見えますので、好まれる傾向があります。たとえば、女優の永野芽衣さんや蒼井優さんなどはいわゆる小顔、顔全体が小さく、しかも、頭蓋骨のパーツそのものがバランスよく小さいので、骨が強く張っている印象が顔全体のどこにもありません。かわいらしい顔立ちに加え、優しい印象の鼻です。二人のような顔立ちは、いつまでも若々しい印象があるので、小さい鼻はむしろ魅力的に感じるパーツになっています。

男性の鼻が小さくて可愛らしいと、一見すると頼りなく、子どもっぽく見えてしまう場合があり、好まれにくい傾向にあります。

逆に、木村拓哉さんのようなしっかりとした大きめの鼻は、男性的で魅力的に感じられることもあります。実際、男性にとっては、鼻筋が通り、意志の強さも感じられ、憧れの鼻であると思います。しかし、女性にとっては、ひと目見て顔の中心にある鼻に注目されやすいので、大きい鼻は好まれにくい傾向にあります。

鼻だけ部分的に注目すると、形の整った美しい鼻は憧れますが、やはり鼻は、顔を構成するパーツの一つです。鼻単体で見るというより、お顔全体のバランスに合わせて考えるのが、「美男、美女」の印象をつくるポイントになると思います。

全体の印象に合っている鼻であれば、「その鼻が好き！」「チャームポイントになっている！」と、むしろ好評価になるのではないでしょうか。

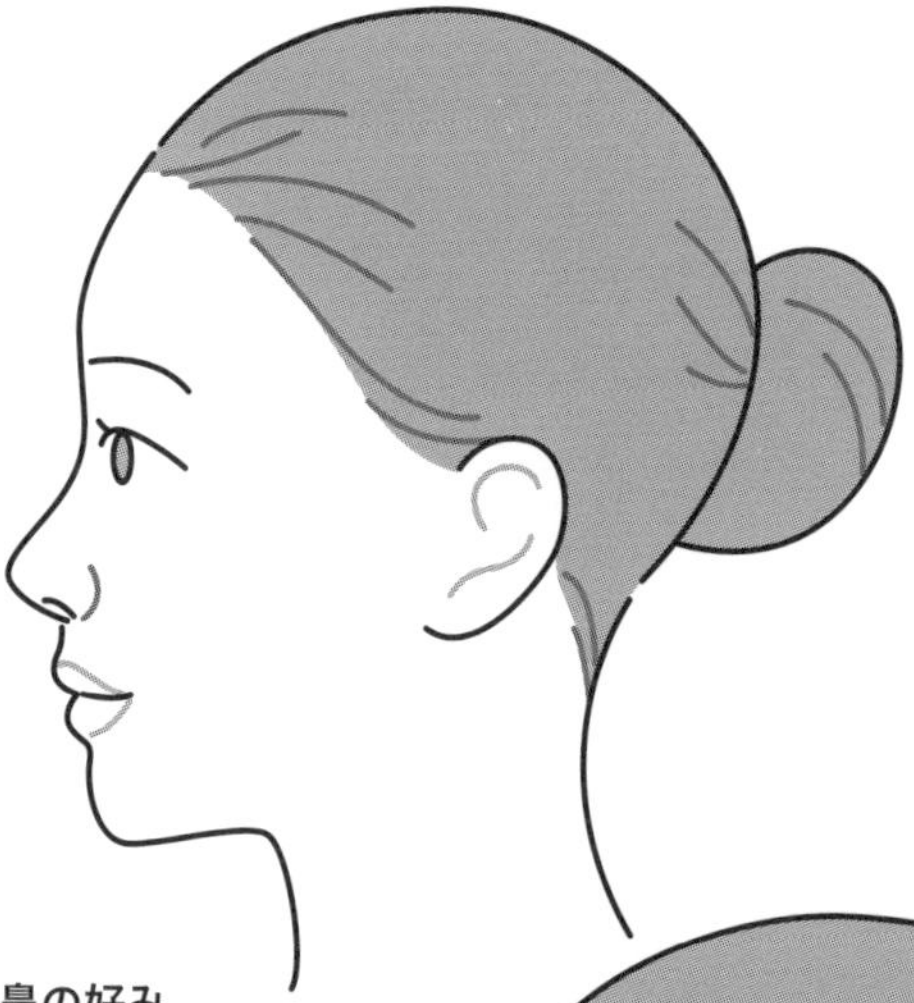

女性の鼻の好み

すらっとしてキレイな
鼻筋の通った鼻
わすれ鼻
小さめの鼻

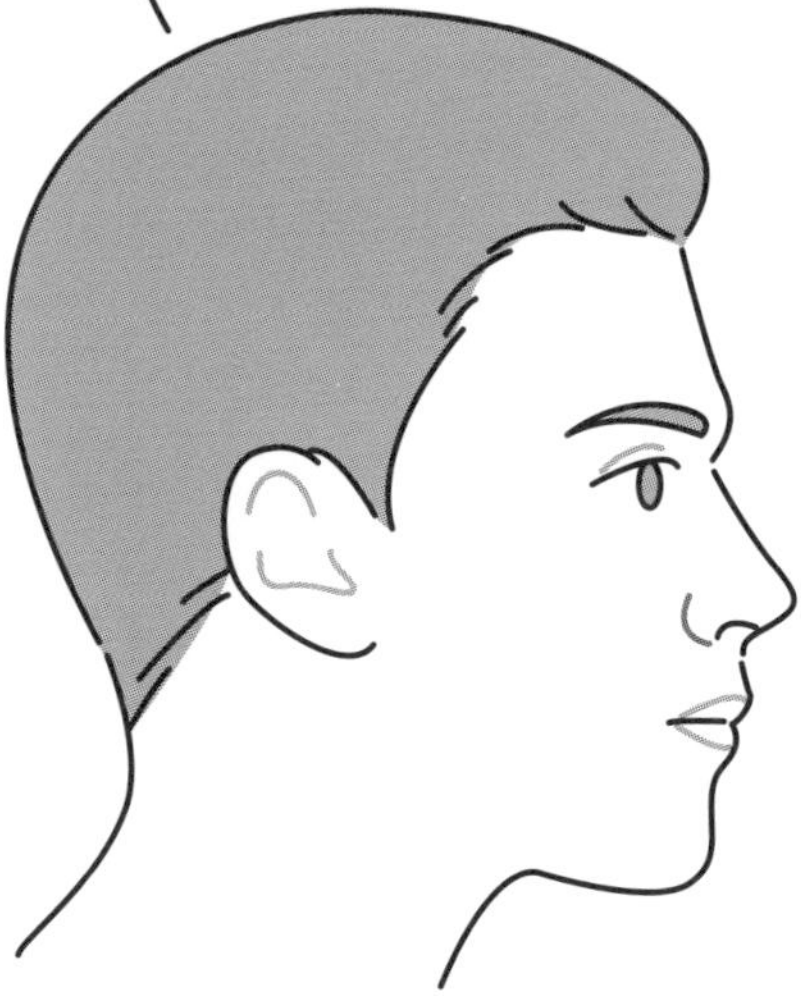

男性の鼻の好み

すらっとしたキレイな
鼻筋の通った鼻
しっかりとした大きめな高い鼻

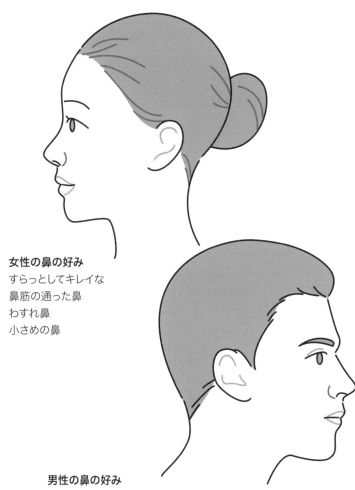

意外!? 複雑で繊細な鼻の構造

矯正を行うにあたり、主にアプローチしていく、または意識していく部位は、頭蓋骨の鼻にあたる「前頭骨の骨の一部」「上顎骨の鼻の一部」「鼻骨」。軟骨の「外側鼻軟骨」「鼻中隔軟骨《びちゅうかくなんこつ》」「大鼻翼軟骨」になります。

これらの箇所に適宜な刺激を与えて鼻全体を整えていきます。鼻の形、歪みはさまざまな骨が影響しています。たとえば、直接的に鼻に該当しない頭蓋骨の歪みにより、鼻の形状が影響される場合もあります。施術前にはその歪みについても丁寧にチェックし、頭蓋骨全体の矯正も併せて行います。

軟骨（外側鼻軟骨、鼻中隔軟骨）と頭蓋骨（鼻骨、上顎骨）は連動していますが、連動の強い、弱いの個人差があり、連動が弱いと、鼻筋が通った印象になりにくい傾向があります。

連動とは、連なって動くこと。軟骨（外側鼻軟骨、鼻中隔軟骨）の骨は、頭蓋骨（鼻骨、上

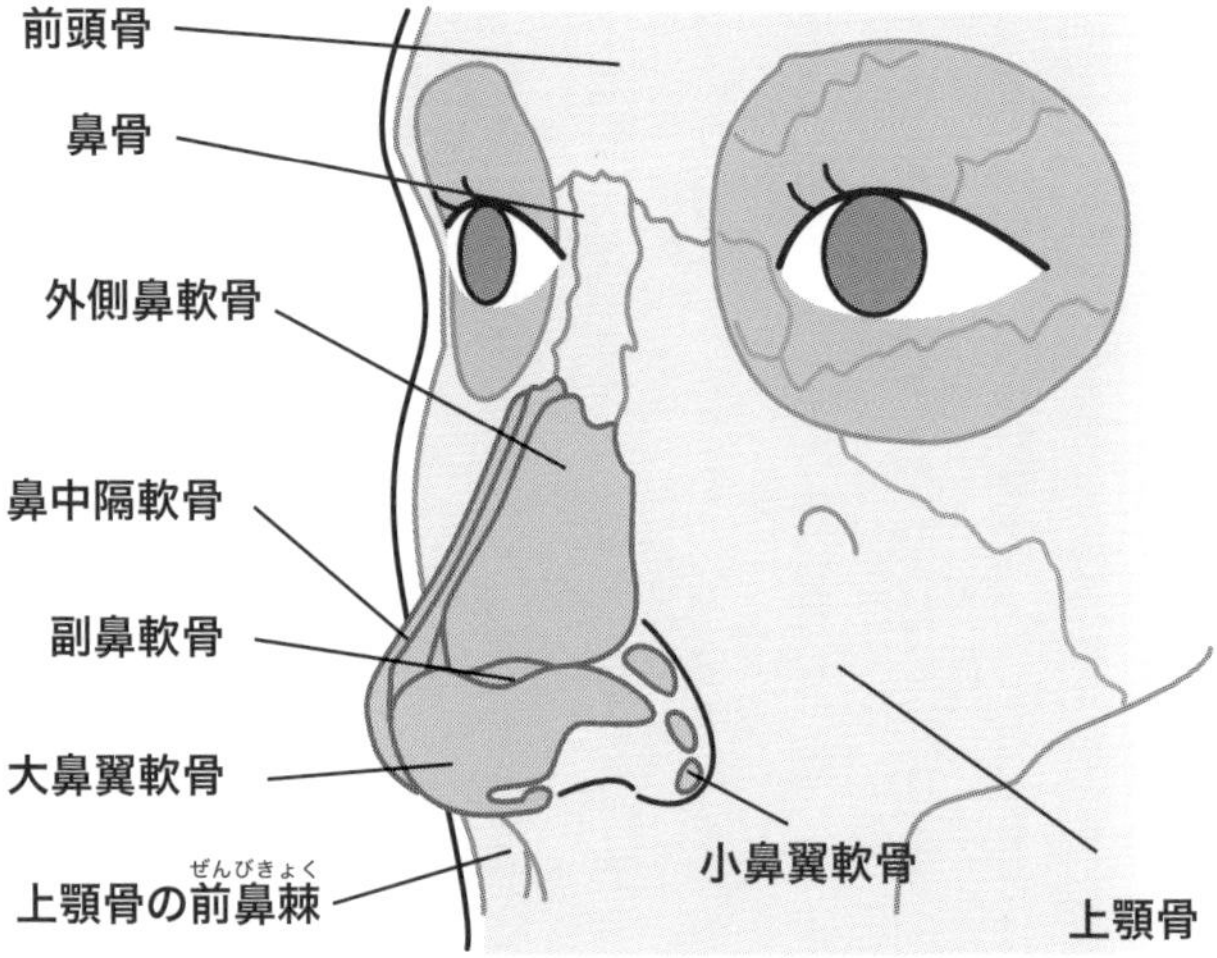

顎骨）の鼻の骨の形状の影響を受けます。

32ページの、自己流の矯正のところでお伝えしたように、連動の強い方は、鼻を引っ張っても高さが出る可能性が高いですが、連動が弱い人は、鼻を引っ張ってしまうと高さが出る代わりに、丸くなったり、ふわりと大きくみえる可能性があります。したがって、むやみに鼻を引っ張らないほうがよいでしょう。軟骨にアプローチして、ご自分で鼻を高くする方法は、セルフで行う隆鼻矯正（102ページ）のところでご紹介しています。

鼻先端には、「大鼻翼軟骨」という軟骨があります。「大鼻翼軟骨」と「外側鼻軟骨」の連動は弱いので、鼻の矯正によって鼻先端が好みの形になるまでに時間がかかります。

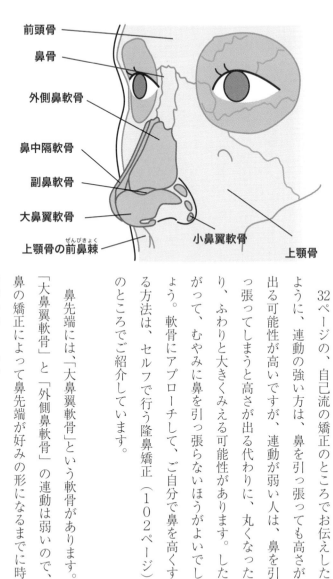

下の図は、鼻を下から見た図です。鼻中隔軟骨が柱のように鼻全体を裏で支えています。陰の立役者のようですね。大鼻翼軟骨の形状に丸み（平ら）があると、先端が丸くなります。

また、左右の大鼻翼軟骨同士の角度が開いていると、先端は丸くなります。

先端には脂肪があるので、美容整形で脂肪溶解注射をして取ることもできますが、鼻の穴まわりの皮膚が薄い人がこの注射をしてしまうと、皮膚の薄さが際立ち、鼻の穴が大きく見えて、鼻の穴に目がいってしまう可能性が出てきます。鼻の形状によってはこの注射が向かない人もいますので、脂肪溶解注射を検討している方は、美容整形外科のドクターに相談しましょう。

鼻の矯正では、鼻の穴そのものを小さくすることはできません。鼻の矯正では、鼻全体の高さを出したり、鼻筋を

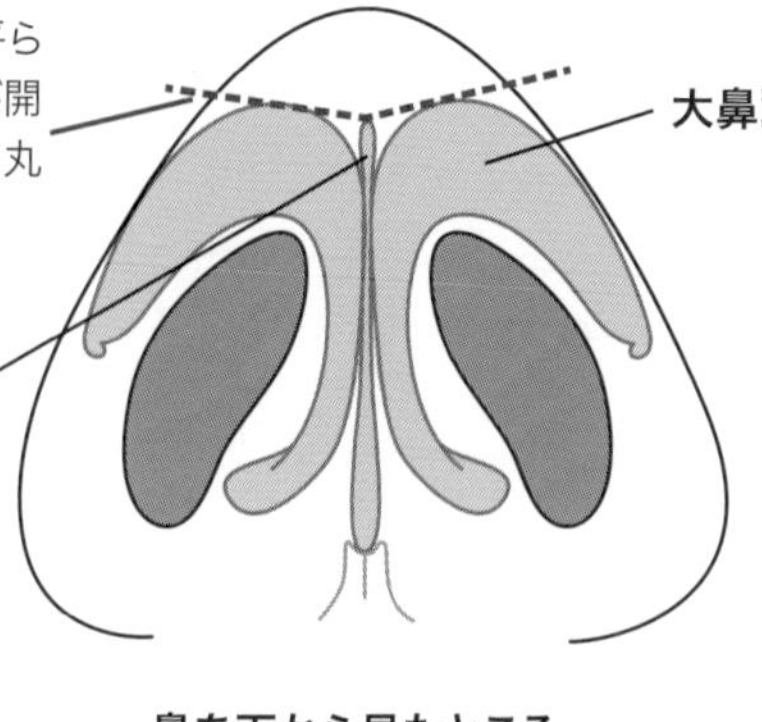

大鼻翼軟骨の先が平らに近い丸みで、角度が開いていると鼻先端が丸くなる。
大鼻翼軟骨
鼻中隔軟骨

鼻を下から見たところ

整えることで鼻の穴が気にならないようにしていきます。

笑ったときに鼻が広がるのがイヤという方もいます。笑ったときに鼻の穴が広がるのは筋肉が引っ張るからなので、美容整形でボトックスを打って筋肉の動きを弱めたり、手術をしたりする方もいます。

鼻の矯正では、鼻の高さとかたさを出すことができるので、鼻先端が笑ったときにつぶれにくくなります。そうすることで、鼻先端の悩みを和らげることができます。

鼻の先端にこだわりすぎてしまったり、また鼻の穴が広がるのがイヤで、美容整形で加工しすぎたりするのは、あまりおすすめしません。

笑ったときには、鼻の穴はみんな広がります。そのような構造にできているからです。笑ったときに鼻の穴がほぼ動かない、微動だにしない、という状態になってしまうのは、むしろ、まわりの方から見て違和感があります。

日本人とアジア人、西洋人の鼻の違い

人種は大きく3種類に分かれます（人種とは人類を骨格、皮膚、毛髪、などの形質的特徴によって分けた区分）。一般的には皮膚の色から、コーカソイド（白色人種）、モンゴロイド（黄色人種）、ネグロイド（黒色人種）の3種類になります。この大きな3種類に分類されない人種もありますが、一般的には「三大人種」と呼ばれているのはこちらになります。

コーカソイド（白色人種）は、頭蓋骨が長頭型で前頭骨が突出し、顔は面長で幅が狭くなっています。上顎前突、いわゆる出っ歯や上下顎前突の人は少ないのが特徴です。鼻は長く、幅が狭くて、鼻根（鼻のつけ根）、鼻筋ともに高く、鼻先が下向きでツンとしています。

モンゴロイド（黄色人種）は、頭蓋骨は短頭型が多いですが、アフリカの先住民も短頭型が比較的多くなります。前頭骨の突出はコーカソイドよりは少し低くなり、顔は短く、幅広で、頬骨が突出しています。下顎前突症（しゃくれ顔）は少ないです。鼻は鼻根、鼻筋ともに低く、

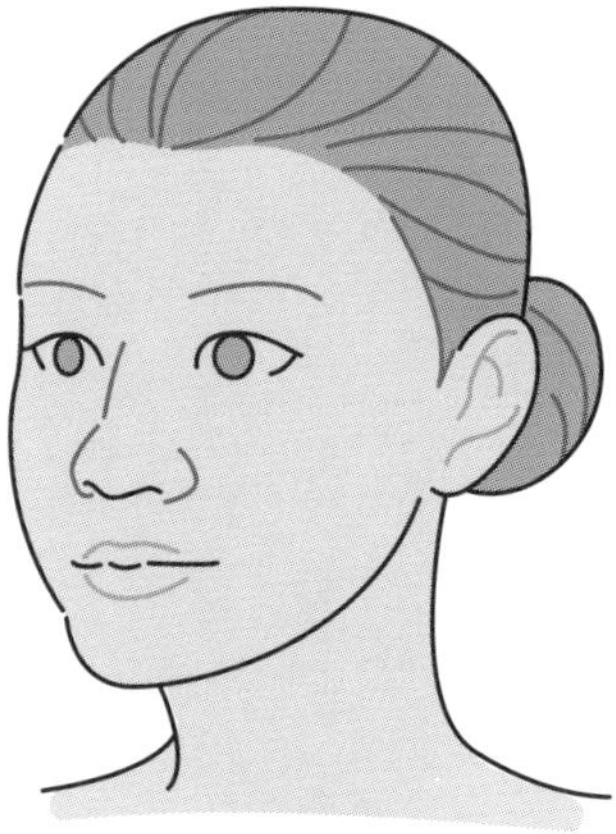

ネグロイド
（黒色人種）

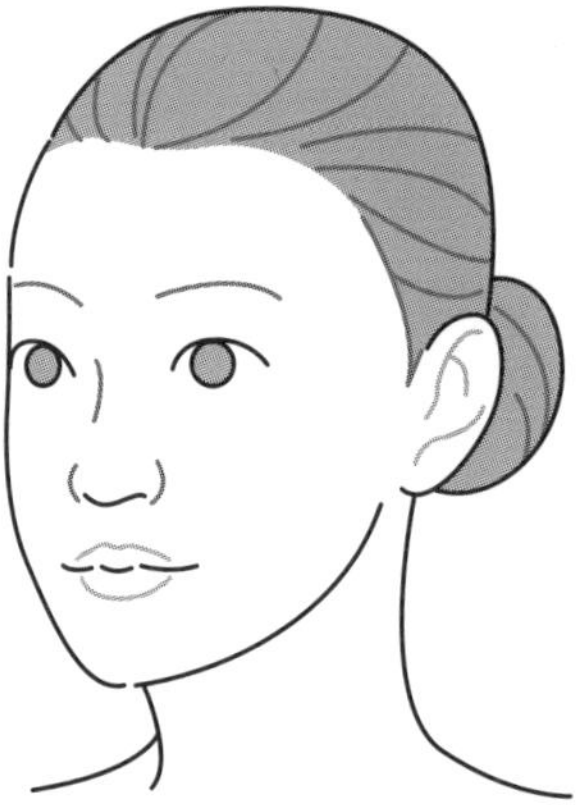

モンゴロイド
（黄色人種）

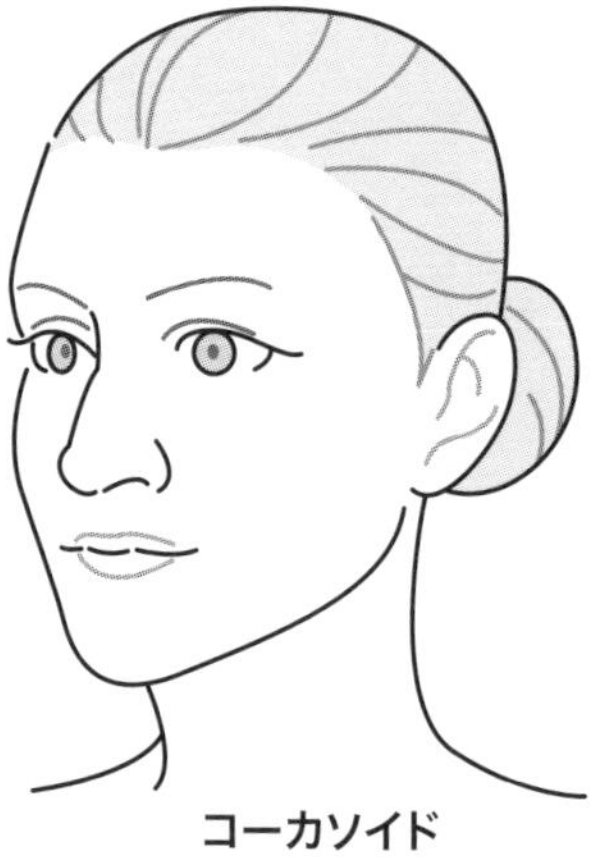

コーカソイド
（白色人種）

幅が広くて、鼻先が丸く上向きになっています。

ネグロイド（黒色人種）は、頭蓋骨は長頭型が多いですが、一部、短頭型が存在し、前頭骨は突出している傾向があります。顔は面長ですが、コーカソイドと比べるとはるかに小さくなっています。下顎前突症は普通程度存在します。鼻は幅が広く、鼻根、鼻筋とも低く、モンゴロイドとは異なった鼻根のくぼみがあります。


アジア人に多いモンゴロイドですが、日本人、朝鮮半島人種、北部モンゴロイド、漢人、マレー人、ポリネシア人、エスキモー人種など、同じモンゴロイドでも、違いが多くあります。隆鼻矯正の観点でアジアの人々の顔を見ると、次のような特徴があると感じます。

中でも、中国は人口も多く、面積も広いため、中国人に関してはこのような特徴があります、と断定するのは、非常に難しいでしょう。

同じアジアで、日本の半分くらいの人口の韓国人は、全体的に骨格がしっかりしていて丸みが少なく、大きく幅広い輪郭で頬骨は高く、比較的小さな鼻で鼻先まで大きくないという特徴があるようです。

また、同じく日本の半分くらいの人口のタイ人の特徴は、日本人より目が大きく、眉と目の間隔が狭く、目が奥まって、鼻は日本人と比べると低い傾向があると感じます。

韓国、タイと比べると人口が多いベトナム人の特徴は、タイ人と同じように、目は日本人よりも大きく、唇が厚い印象、鼻は、鼻根の部分が極端に低い傾向があり、横から見ると鼻より頬骨が高い方が多いと感じます。


これまで施術をしてきた経験でいうなら、日本人はアジア人の中では鼻根は高いほうで、矯正により鼻根部分の高さは比較的出しやすいと思います。また、目はアジア人の中では大きくもなく、小さくもなく、平均的、全体的に骨格が丸みを帯びていてふんわりした印象です。

西洋人と比べて、鼻先が丸いのは、鼻先端の大鼻翼軟骨の丸みを帯びた形状と、左右の大鼻翼軟骨の角度が広いためで、鼻中隔軟骨の顔前面に前にせり出す高さが短いこともあります。

さらに、もともとの皮膚が西洋人より分厚く、皮下脂肪が多い特徴から、鼻先が丸みを帯びている方が多いのも一因と考えます。

鼻先が丸いのがコンプレックスで、西洋人のようにシュッとシャープな鼻先に憧れるというお客様が多くいらっしゃいますが、皮膚が厚く皮下脂肪が多い分、年齢を重ねてから細かいしわになりづらく、いつまでも若々しい印象を与えやすいメリットもあります。

美しい鼻の条件「ゴールデンバランス」

美人かどうか、というのは、人の好みにだいぶ左右されると考えますが、一般的に、人が考える「美人」を細かく数字で見ていくと、「美人顔の黄金比率」というものが存在します。この黄金比率は、一つではなく、複数の比率があります。

美しいと判断される顔の比率は、一般的に、次の三つの要素があります。

①顔全体のバランス（縦横の長さ幅、縦横の比率）
②各パーツの位置（眉、目、鼻、口）
③各パーツの大きさ（目、鼻、口）

この中で、鼻の黄金比として、角度についても詳しく解説します。

鼻を中心に見た顔のゴールデンバランス①

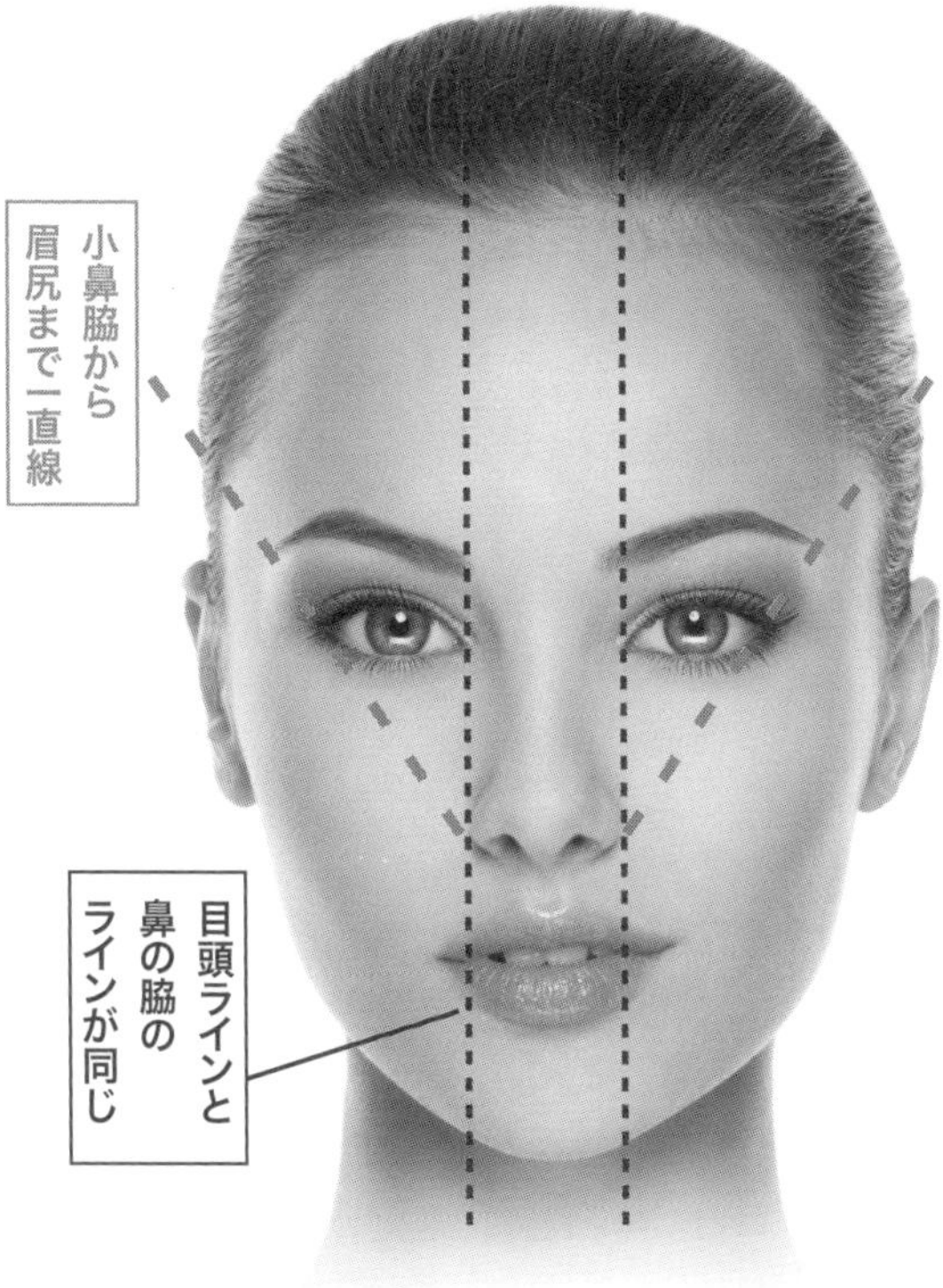

目頭から小鼻の横をつないだ、左右ラインが平行しているということ。つまり、左右の目頭の幅と、両小鼻の幅が同じであると、鼻がスッキリと見えます。

また、小鼻脇から目尻を通って眉尻までが一直線のラインで結ばれると、目と鼻のバランスがよく見えます。こちらは眉尻をメイクで調整すると、整えやすいですね。

鼻を中心に見た顔のゴールデンバランス②

先ほどの2本のラインから目尻まで、目尻から正面を向いたときのこめかみと頬まで、左右それぞれ垂直にラインを引いたとき、すべてが同じ割合、つまり、1：1：1：1：1となるのが、鼻と目を顔全体から見たときの美しいバランスであると考えられています。

また、顔のゴールデンバランス①で解説したとおり、こちらの1を鼻の横幅と同じと考えると、鼻の横幅と目の幅がイコールであることも、美人顔の特徴の一つともいえます。

そして、額の上部（髪の生え際）から、眉間の位置（鼻のスタート地点）まで、そこから鼻の下まで、さらに鼻の下からあご下までの長さがすべて同じ、1：1：1であると、目、鼻、口の配置のバランスがよい、美人顔となります。

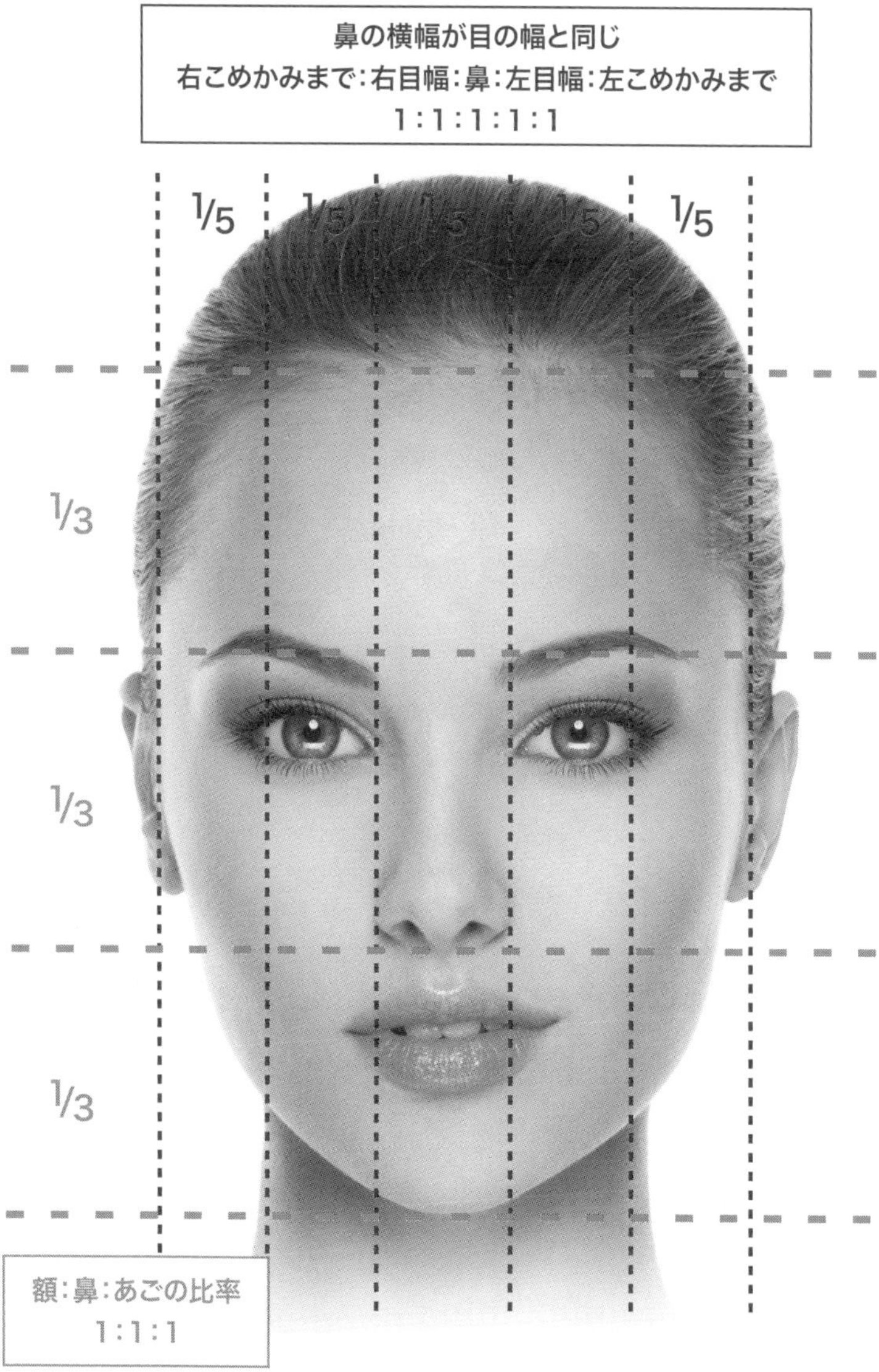
鼻の横幅が目の幅と同じ
右こめかみまで：右目幅：鼻：左目幅：左こめかみまで
1：1：1：1：1
1/5
1/5
1/3
1/3
1/3
額：鼻：あごの比率
1：1：1

鼻のゴールデンバランス①

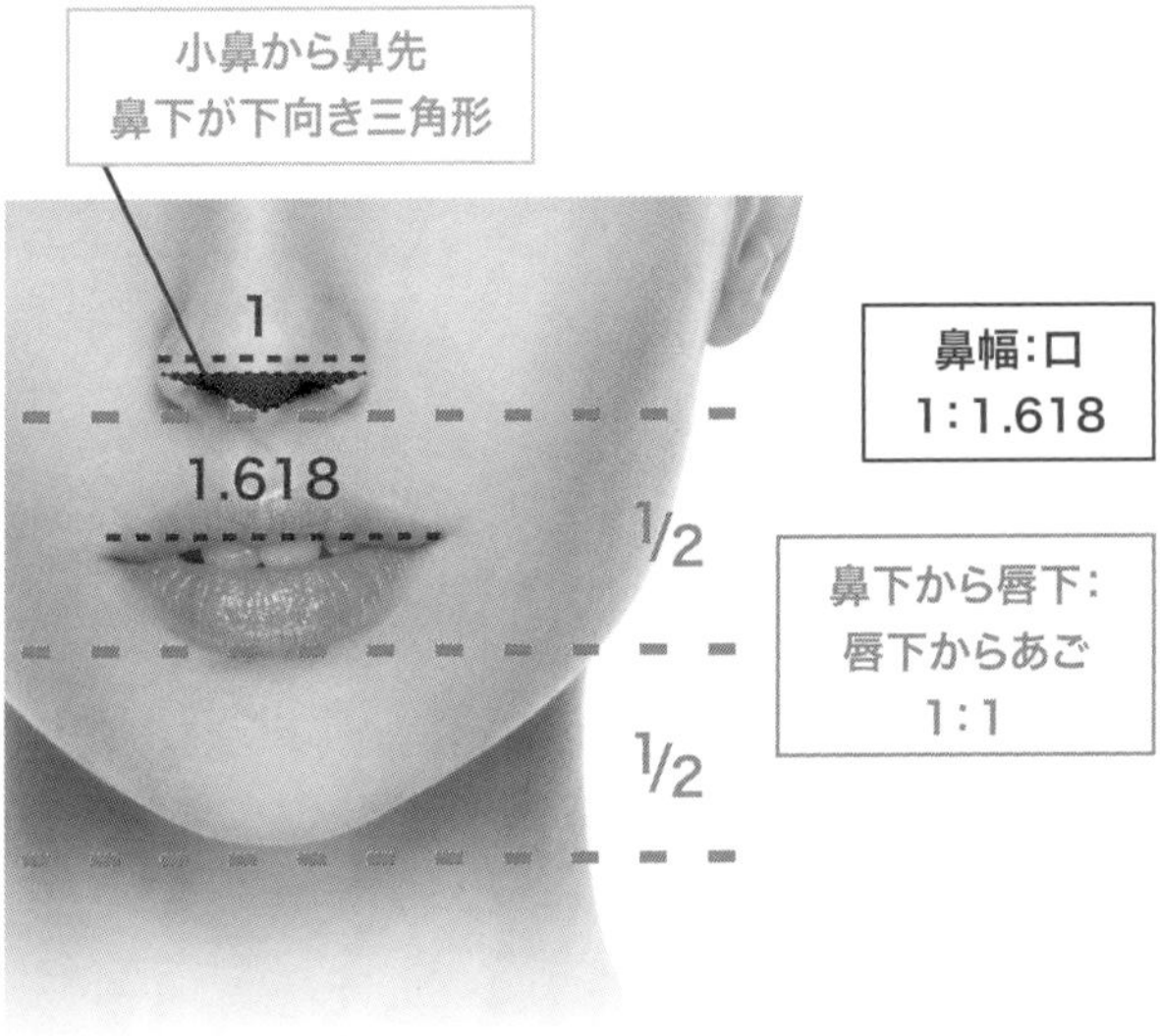

鼻の横幅を1とすると、唇の横幅のラインがその1．618倍であるのが、ゴールデンバランスになります。これは「フィボナッチ数列」といわれる黄金比です。フィボナッチ数列とは前の二つの数字の和を並べた数列で、黄金比とは、近似値1：1．618、数列で隣り合った二つの数字の、最も美しい比率といわれています。

こちらの黄金比も、眉と同様にリップラインで調整できますね。口の大きさも、メイクでなりたいイメージに変えていくことが可能です。大きい口は笑顔が明るい印象、小さい口はお人形っぽいかわいらしい印象を与えます。さらに、鼻の下から唇の下、唇の下からあご下が同じ長さであることは、顔の下半分を品よく見せます。また、小鼻のつけ根あたりと、鼻の下の中央を結んで逆三角形ができると、鼻先はさらに美しく見えます。

鼻のゴールデンバランス②

次ページは、横顔のゴールデンバランスです。こんな完璧な鼻の持ち主は私自身もまだお会いしたことはないですね。

具体的には52ページの写真で、横から見たときに鼻根部の角度が120度、鼻の高さが30度（横から見たときの鼻根部を起点に、鼻と頬の境目のラインと鼻先までのラインの角度が30度）、鼻下の角度が90度（横から見たとき、鼻下と人中（※）の角度が90度）、Eラインと呼ばれる、横から見て鼻先と唇、あご先が一直線になることもまた、横顔で鼻が美しく見えるゴールデンバランスです。

※人中とは鼻と唇の間の溝になっているライン

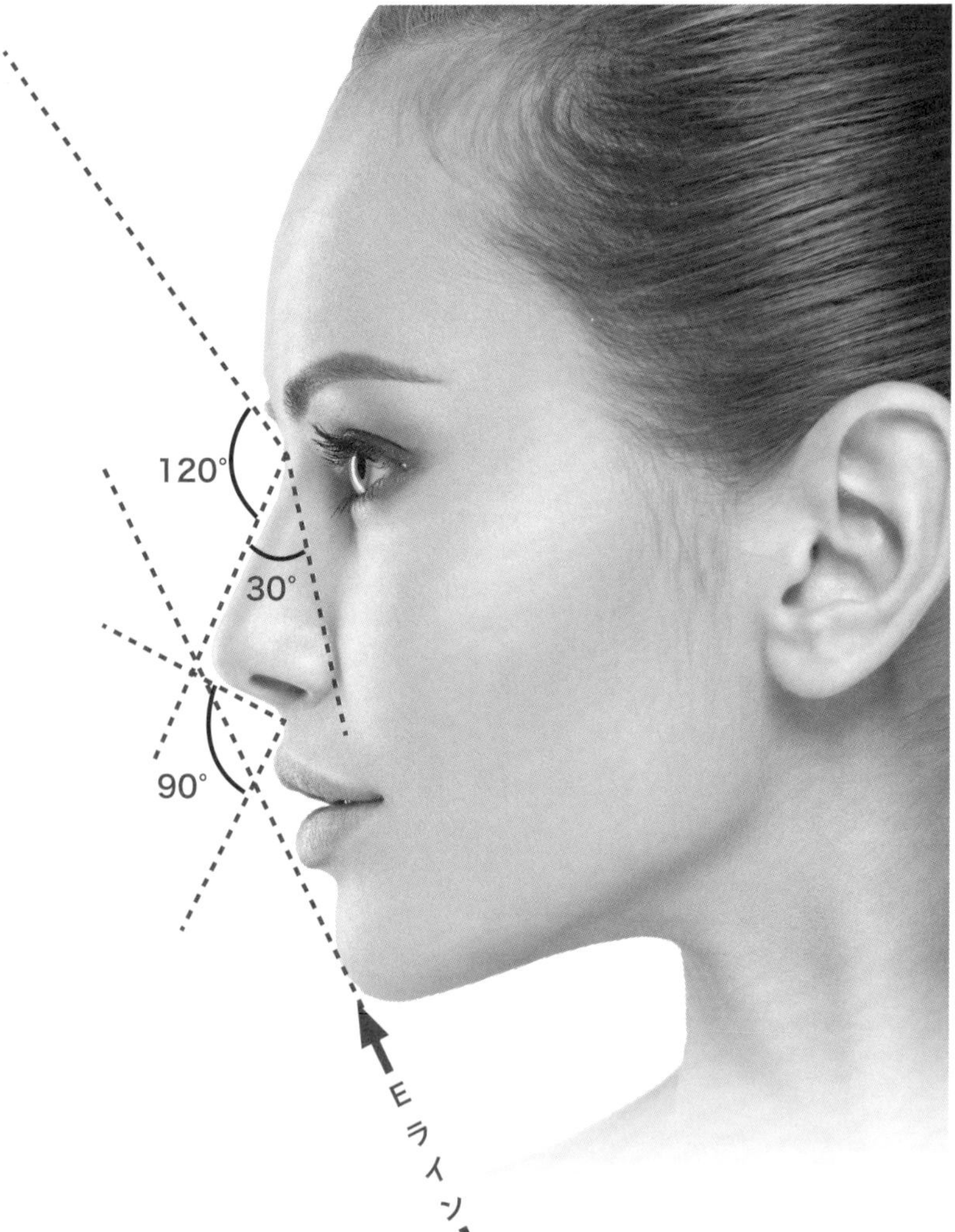
120°
30°
90°
Eライン

もう一つの黄金比

鼻そのものの理想的な黄金比もあります。それは正面から見た鼻の長さ(縦):正面から見た鼻の横幅が100:64ということです。これが理想的な鼻のバランスといわれます。AIST人体採寸データベースによると、日本人の鼻の平均サイズは、次のようになっています。

【鼻の横幅】 男性(18~34歳)36.2㎜　女性(18~34歳)33.1㎜
男性(60~84歳)38.7㎜　女性(60~84歳)35.9㎜

【鼻の長さ】 男性(18~34歳)52.2㎜　女性(18~34歳)48.2㎜
男性(60~84歳)53.4㎜　女性(60~84歳)50.0㎜

年齢を重ねると、鼻の横幅は梨状口(81ページ)が横に拡大して鼻翼が引っ張られ、幅広になります。また、顎の骨を支える力が弱まることで顔の下半分が間延びし、あごの下垂とともに皮膚が引っ張られて鼻が長くなり、鼻の穴が前を向くことが考えられます。

コラム　鼻の「高い・低い」はどこで見る？

鼻の悩みで、もっとも多くうかがうのが、「鼻が低い」ということです。

鼻の高さは、下の図にある上顎骨の鼻の骨が、前に向かってどのくらいせり出しているかで決まります。同時に、40ページでもご紹介している、鼻の内側の鼻中隔軟骨も長さがあって前に向かっていること、外側鼻軟骨も長く、前に向かっているといった状態がすべて重なって、高い鼻になります。

隆鼻矯正は該当する骨に適切な刺激を入れ、骨細胞をじわりとつくり出しながら、前に向か

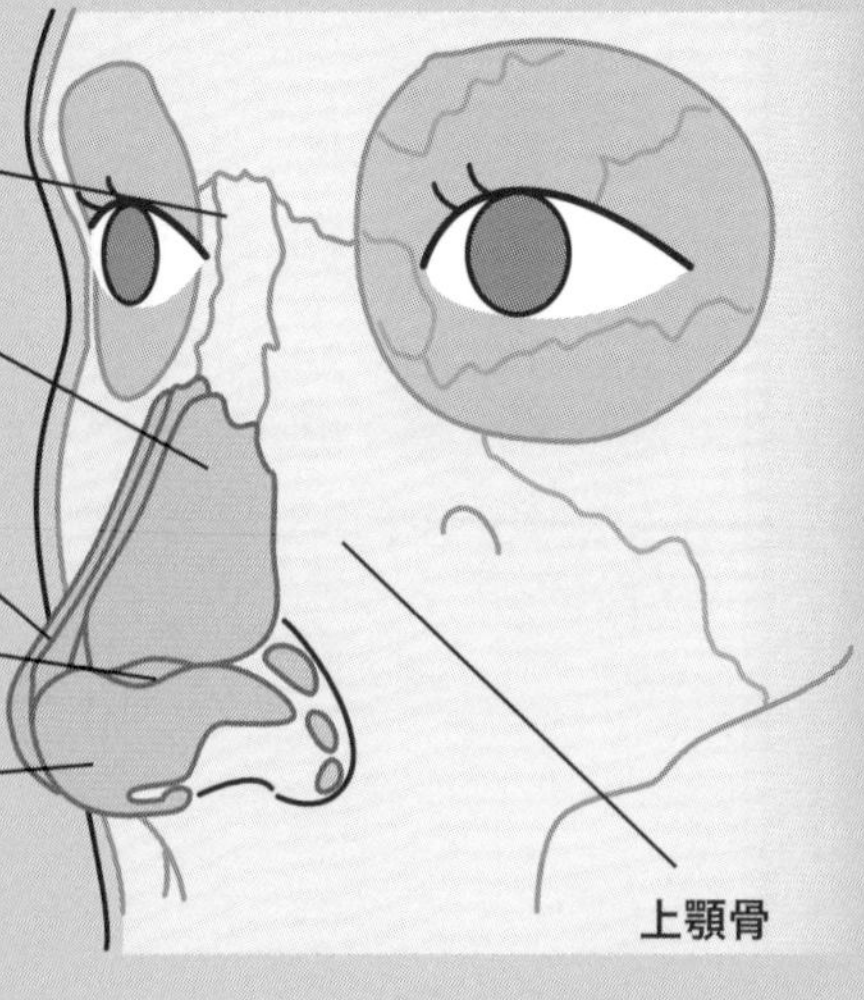

column

ってせり上げるようにして、高さを出します。

高い鼻の女性でも、鼻が大きいという悩みを持つ方もいます。大きい鼻、特に鼻の幅が広いことが悩みにつながりがちです。

鼻の幅が広いのは、上顎骨の鼻の部分の幅が広いかどうかになります。鼻の幅を狭くするというよりは、矯正で鼻を細くしながら高くし、目立たなくさせるという方法がよいでしょう。

欧米人の鼻をイメージするとわかりやすいのですが、底辺を上顎骨の鼻の幅だとすると、前に向かって高さがあるので、鼻の幅が気にならないです。むしろ高さのほうに目がいきます。

それに対し、底辺の幅に対し、前に向かって高さがないと、鼻の幅に目がいってしまいます。

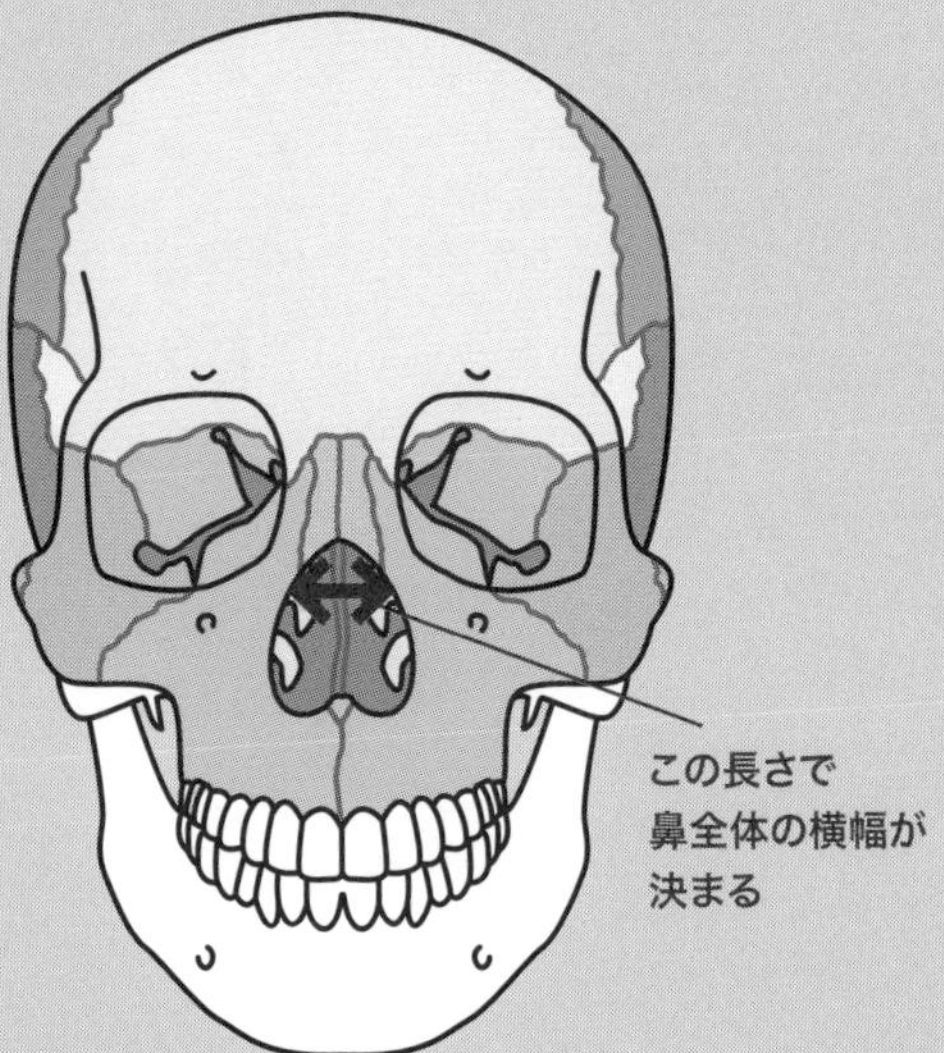

column

隆鼻矯正で幅を細めながら高くする（つまり前に向かってせり上げ出す）ことで、鼻の幅は目立たなくなってきます。

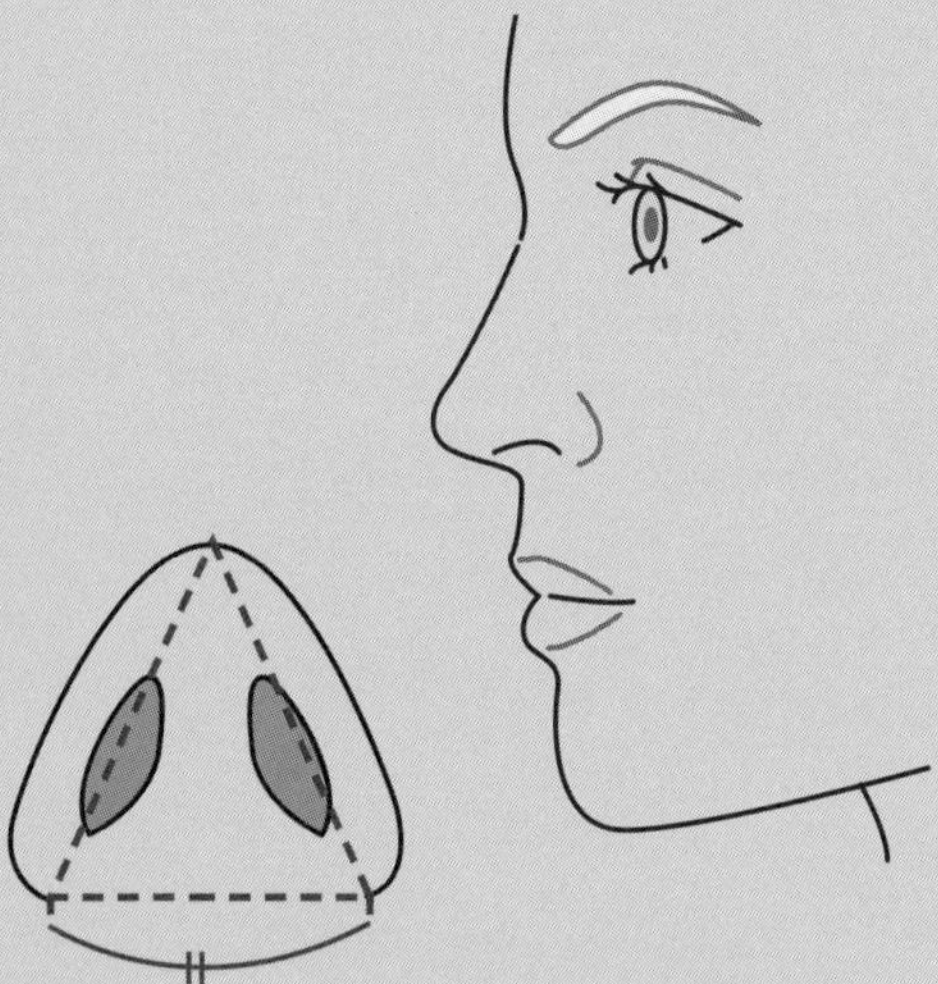

鼻先端においても同様に、三角の底辺の長さが同じだとしても、高さが違うと小鼻の形も異なります。

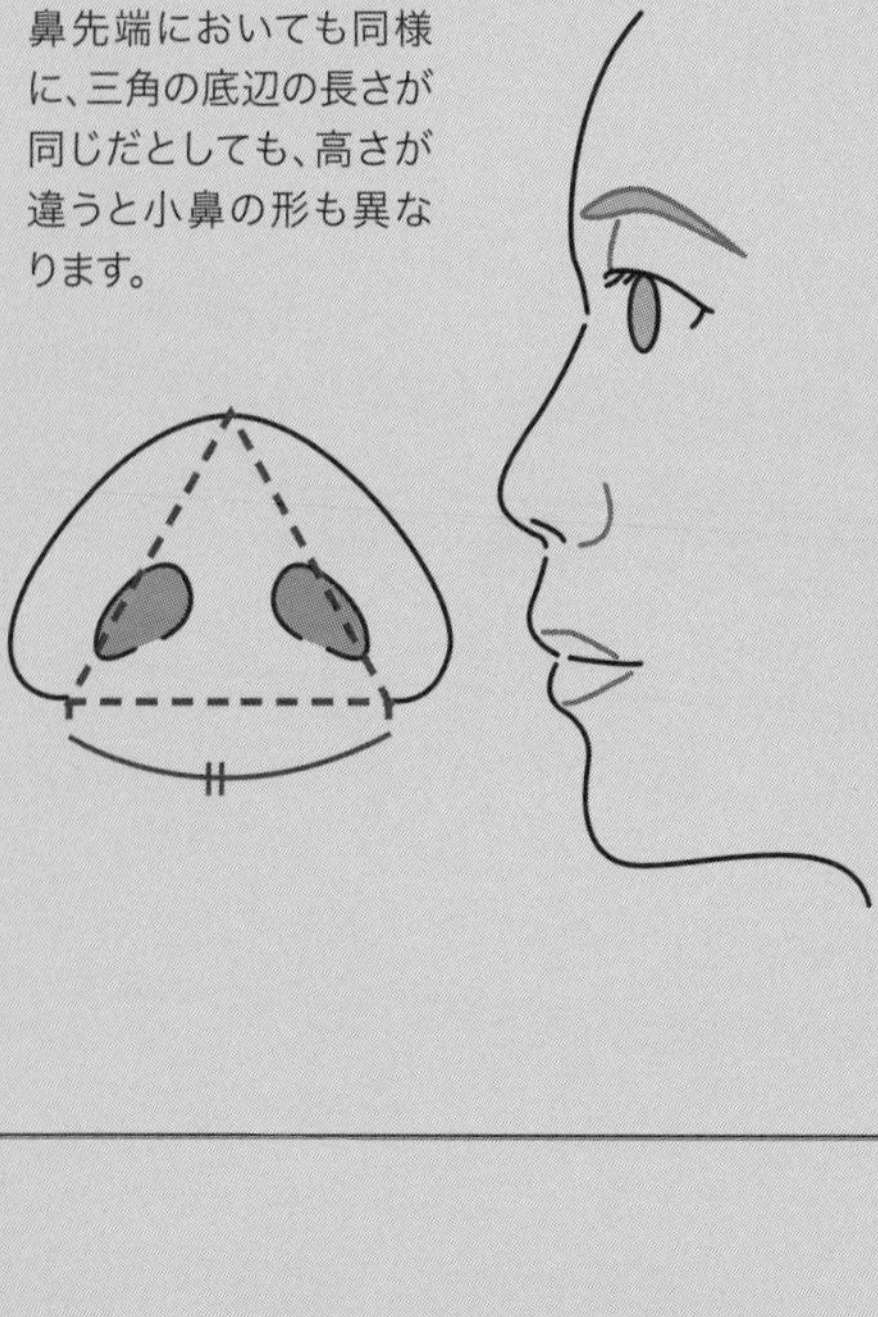

—第2章—

「鼻」の形のパターン

鼻の形は6パターン

鼻の形を大きく6パターンに分けてご紹介します（複合されていることもある）。遺伝的要素が大きいですが、日常的なクセなどで鼻の形状を変えてしまうこともあります。

パターン1
【ふっくら鼻】

全体的にふっくらしている丸みのある鼻。優しい印象があります。

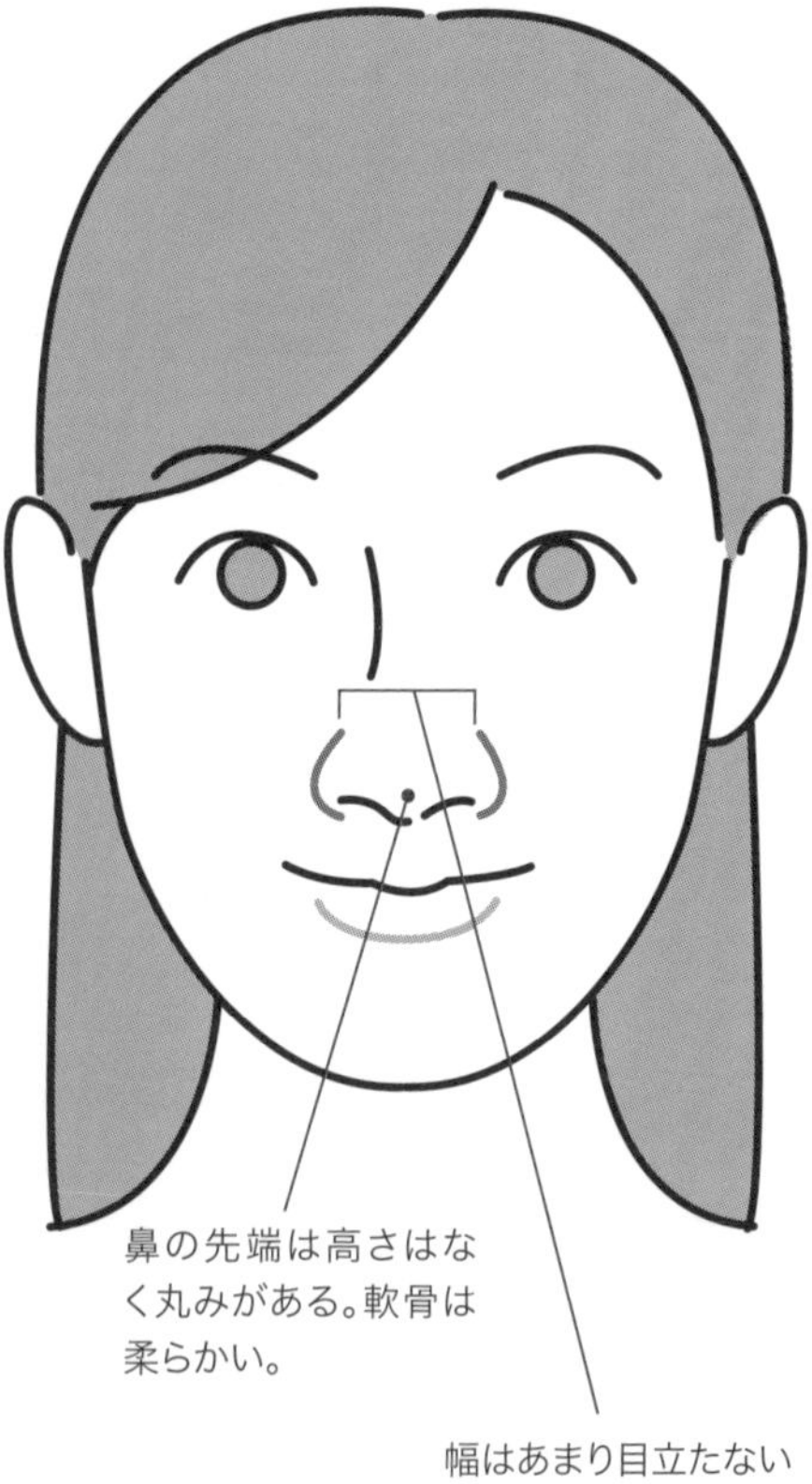

鼻の先端は高さはなく丸みがある。軟骨は柔らかい。
幅はあまり目立たない

パターン1【ふっくら鼻】

全体的にふっくらしている丸みのある鼻です。

特に、鼻先端が丸い印象が強くある鼻の方が多いです。

一番目に留まりやすいのは、鼻先端です。鼻の高さはあまりない方が多く、鼻の幅はあまり目立ちません。触ると、鼻の軟骨部分にあたるところは、柔らかめの方が多いです。鼻の穴は丸い方が多いです。

丸い鼻の印象は、まわりから優しい雰囲気を感じてもらいやすい傾向がありますが、この形のパターンでサロンにいらっしゃる方は、鼻の高さ、鼻筋がないこと、鼻の丸さが悩みとなり、鼻を高くしたい、鼻筋を通したい、鼻先をとがらせたいと考え、施術を希望されます。

「隆鼻矯正」では、全体的な高さと形を出しながら、だんだんと鼻先端を目立たなくさせます。

パターン２【ちびっ子鼻】

鼻そのものが全体的に小さく、かわいい鼻という印象があります。

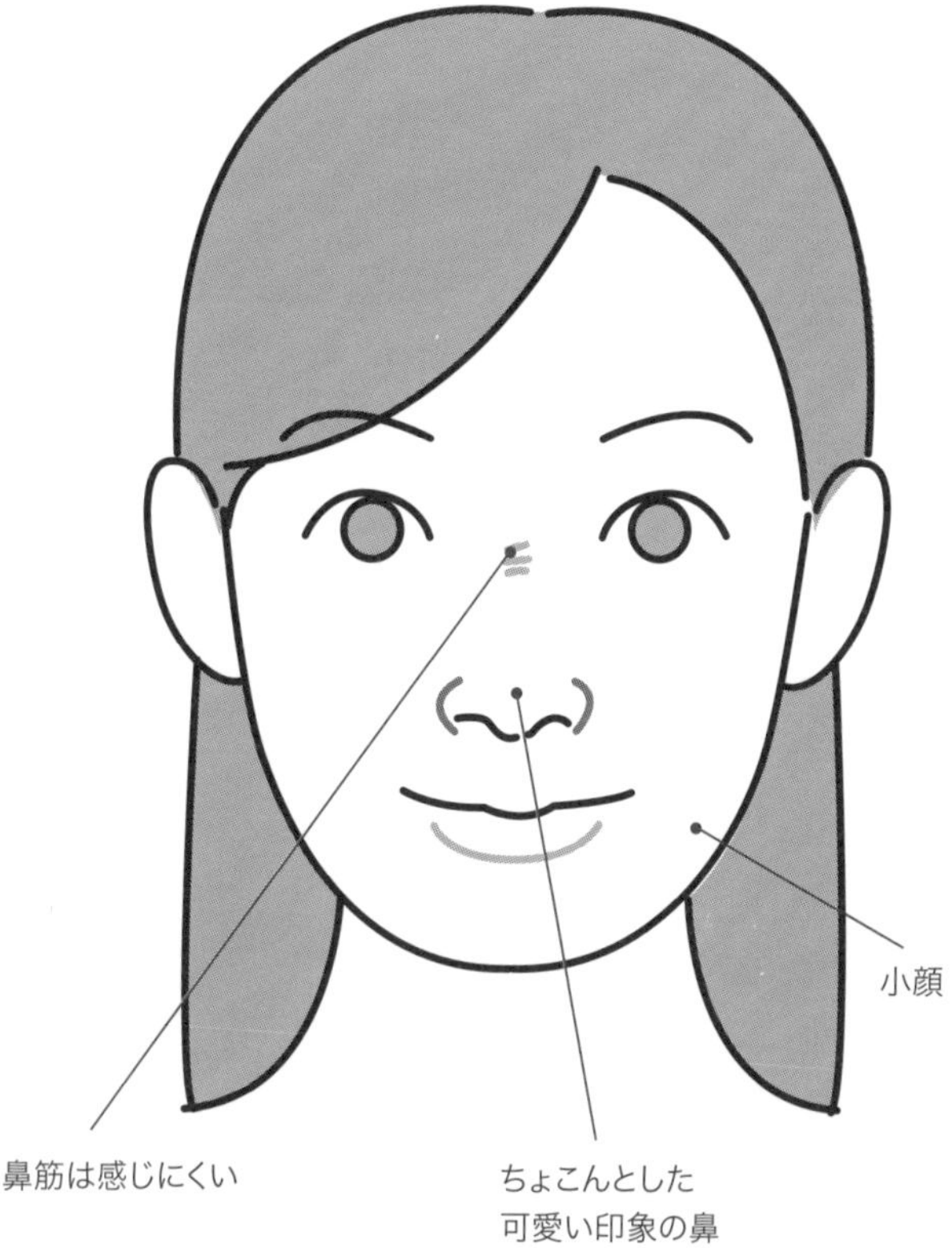
小顔
鼻筋は感じにくい
ちょこんとした
可愛い印象の鼻

パターン2【ちびっこ鼻】

鼻が全体的に小さく、かわいい鼻の印象で頭蓋骨も小さく、いわゆる小顔の方が多いです。

いくつになってもかわいらしい方が多く、ごつごつした印象がありません。頬骨やエラが強く張っていない方が多い傾向にあります。鼻の根元もないので、鼻筋も感じにくいのですが、鼻先端も特にボリュームがあるわけでもないので鼻は目立ちません。鼻先端がちょこんとついている感じです。

触るとお鼻は柔らかめの方が多く、鼻の穴は丸い方が多いです。

「ふっくら鼻」が鼻先端に目がいくのとは異なり、「ちびっこ鼻」の方の鼻先端は小さいので目立たず、先に鼻に目がいく、ということもありません。

「隆鼻矯正」で全体的な高さと形を出すと、お鼻先端が小さいので、すぐ鼻全体の形がキレイに整いやすい方と、頭蓋骨の骨が全部小さいので鼻骨等も小さく、反応も少しずつになる傾向があり、鼻全体の高さ、かたさが出るのに時間がかかる方に分かれます。

どちらのペースにしても、目立たないけどキレイで密かに人気のある「わすれ鼻」になりやすいです。

パターン3【幅広鼻《はばひろばな》】

鼻のせり出しがあまりないので、鼻の横幅に目がいきますが、高さが少しでも出るとバランスが整いやすくなります。

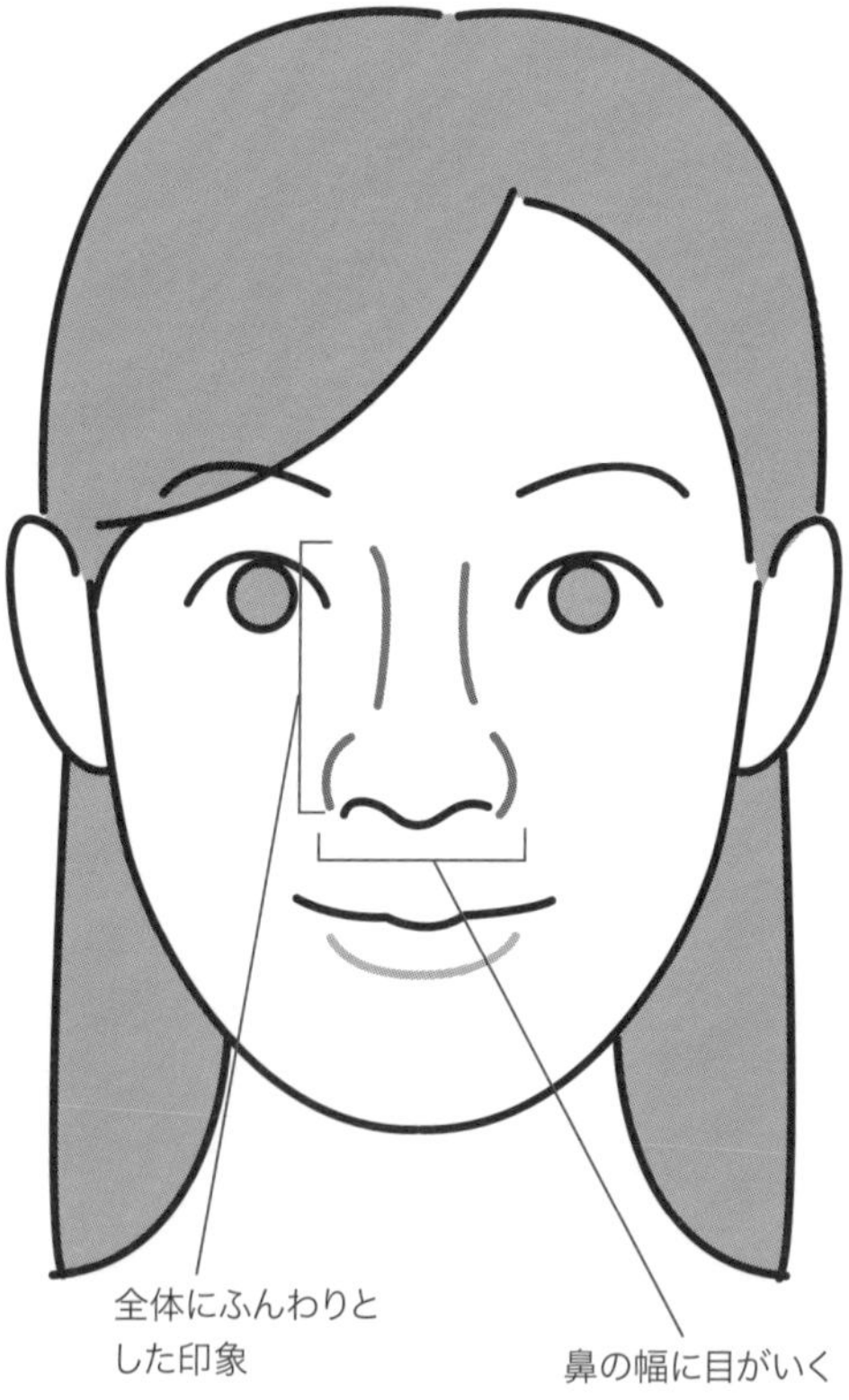
全体にふんわりとした印象
鼻の幅に目がいく

パターン3【幅広鼻】

鼻の先端というより鼻の幅に目がいく傾向があります。鼻が低いわけではないのですが、鼻筋が細くはないので、鼻の存在感を、先端というより鼻全体でふわりと感じます。後述の「コアラ鼻」は顔もパーツも丸いので、鼻だけが目立つということはないのですが、「幅広鼻」は、鼻に目がいきやすくなります。

顔が横広がりで奥行きの少ない頭蓋骨の方に「幅広鼻」の傾向が出やすいですが、顔立ちのタイプに傾向はありません。小顔で「幅広鼻」の方もいます。細かくいうと鼻が低めで「幅広鼻」の方と、鼻が前にせり出していて高さが少しある「幅広鼻」の方がいます。

まわりからは優しい印象と感じてもらいやすい傾向があります。

「隆鼻矯正」で全体的な高さと形を出していくと、鼻全体と先端が目立たなくなる傾向があります。「わすれ鼻」を目指すというより「高い鼻」をゴールに設定していただくことが多いです。

パターン４【コアラ鼻】

全体に丸みをおび、シャープさが感じられにくいのですが、顔全体が丸みを帯び、いつまでも若々しい印象のある方が多いのが特徴です。

鼻の高さはあるが、鼻筋の細さは感じにくい
目、鼻、口全体がやわらかく丸みのある印象

パターン4【コアラ鼻】

全体的に丸みがあり、シャープさが感じられにくく、目、鼻、口、顔全部が丸めです。皮膚も肉厚の傾向があり、柔らかい印象です。骨がごつごつした印象もありません。

いつまでも若々しい印象のある方が多くなります。

鼻先端が際立つほど大きいわけでもなく、全体のバランスはとれているため、鼻が目立った印象にもなりにくいのです。

「隆鼻矯正」では、全体的な高さと形を出しながら、鼻全体を少しシュッと、細めの印象にした鼻にすることをゴールに設定していただくことが多いです。

「コアラ鼻」の方は、鼻の丸みや鼻筋が細くないことを気にしている場合があります。しかし、全体のバランスがとれているので、友人などに相談しても、「鼻を気にしていたの？　気にならないけど？」と、周囲は気にしていなかった、という反応のこともあります。

パターン5【大きい鼻】

まず、鼻に目がいくほど、存在感が大きい。顔のつくりも凹凸がしっかりとしていて、バランスがとれています。

鼻の存在感がある。鼻全体がかためで、鼻筋が通っている

目、鼻、口全体が大きめで、メリハリのある大人顔

パターン5【大きい鼻】

鼻全体の存在感があり、鼻の存在は目立ちますが、目、鼻、口と、全体が大きめで顔全体が濃くハッキリしている方が多くなります。

顔のつくりにメリハリがあり、凹凸《おうとつ》がしっかりとしていて顔全体のバランスがとれている骨格美人系の方が多いです。

かわいらしいというより、いわゆる「大人顔」の落ち着いた印象です。触ると鼻軟骨はかための傾向が大きいです。鼻の穴は、鼻先端に引っ張られ、アーモンド形の方が多いです。

このパターンの場合、わすれ鼻をゴール設定にするのは難しいですが、顔全体でバランスがとれているので、「美人顔」の方が多くなります。

パターン６【矢印鼻】

鼻柱がしっかりと長さがあり、大人っぽい印象があります。
顔全体が、きれいな印象を持たれやすい鼻です。

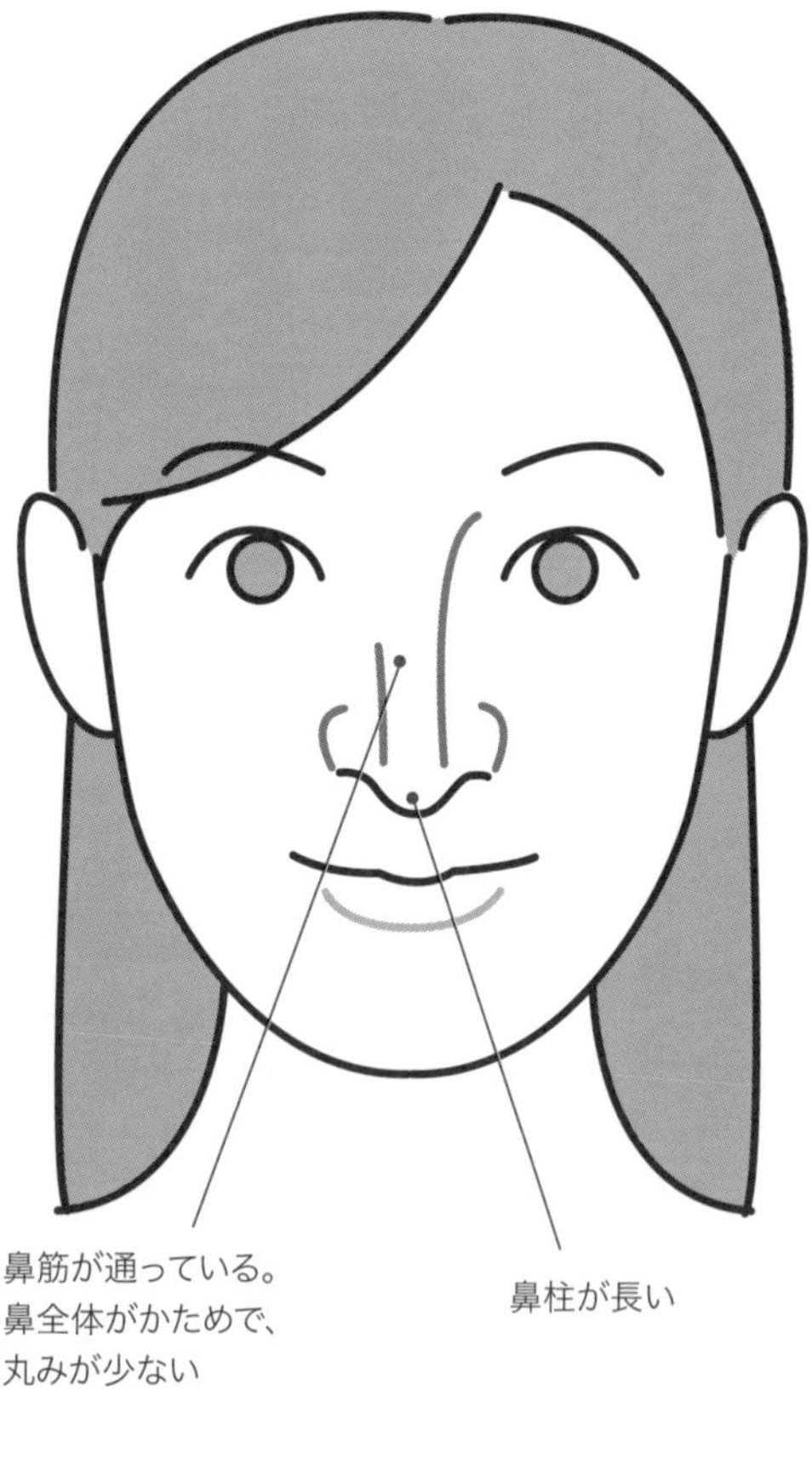
鼻筋が通っている。
鼻全体がかためで、
丸みが少ない
鼻柱が長い

パターン6【矢印鼻】

鼻の先端が矢印のように鋭角的な形で、丸みは少なめです。鼻筋が通っている方が多いです。正面から見ると、両小鼻の位置より鼻の先端が下に来て、鼻柱が長いので、横顔のゴールデンバランス（52ページ）のEラインになっていると、鼻先端はキレイに見えます。逆に、鼻柱の先端がゴールデンバランスよりも長いと、鼻の存在感が目立ってくることがあります。

触ると鼻はかための方が多く、鼻の穴は鼻先端に引っ張られ、アーモンド形の方が多くなります。大人の印象がある鼻で、鼻の長さを感じやすいです。

「大きい鼻」の中には、「矢印鼻」の方もいらっしゃいます。

鷲鼻気味の方が、「矢印鼻」「大きい鼻」を悩みの一つとして、サロンにもいらっしゃいますが、「隆鼻矯正」で、鼻の根元と先端の高さを出すと、他の鼻の悩みに比べてすぐに効果を体感しやすいです（20ページの写真参照）。

鼻の曲がりに注意

鼻の曲がりには、大きく分けて次の三つがあります。

・外側の見た目の鼻である「外鼻」の部分だけの曲がりの場合
・鼻の内側の「鼻中隔軟骨」の部分だけの曲がりの場合
・「外鼻」「鼻中隔軟骨」両方の曲がりの場合

強度な曲がりで、鼻の機能そのものに影響がある場合は、耳鼻咽喉科で適切な処置を受けることをおすすめします。「鼻中隔軟骨」は、日本人の9割は多少なりとも曲がっているそうです。したがって、鼻の機能に問題がなければ気づかないことが多そうですね。

「鼻中隔」をもう少し詳しくご紹介します。「鼻中隔」は、頭蓋骨の骨の一部である「篩骨垂直板《しこつすいちょくばん》」「鋤骨《じょこつ》」と軟骨部分の「鼻中隔軟骨」の三つで構成されています。

「鼻中隔軟骨」は四方を骨に囲まれた状態のまま全方向に成長しますが、同時に周囲の骨も成長するので、その過程で曲がりが生じることがあります。場合によっては、外鼻の変形も生じさせることがあります。
また後天的に鼻が曲がってしまう理由として代表的なものは、次の三つです。

・事故（転倒含む）やボールなどの衝撃
・寝方や自分で鼻を触る癖などの生活習慣
・頭蓋骨全体の歪みから生じているもの

余談ですが、鼻中隔矯正術（外科手術）による鼻中隔の過剰な切除で鼻が低くなってしまって来店される方や、美容整形外科でのハンプ切除（鷲鼻などで見られるコブ）で、鼻の出っ張りはなくなったものの、過剰な切除で鼻先端が弱まり、鼻の形が丸くなってしまって、来店される方もいます。

鼻を構成する骨が過剰な切除で強度が弱ま

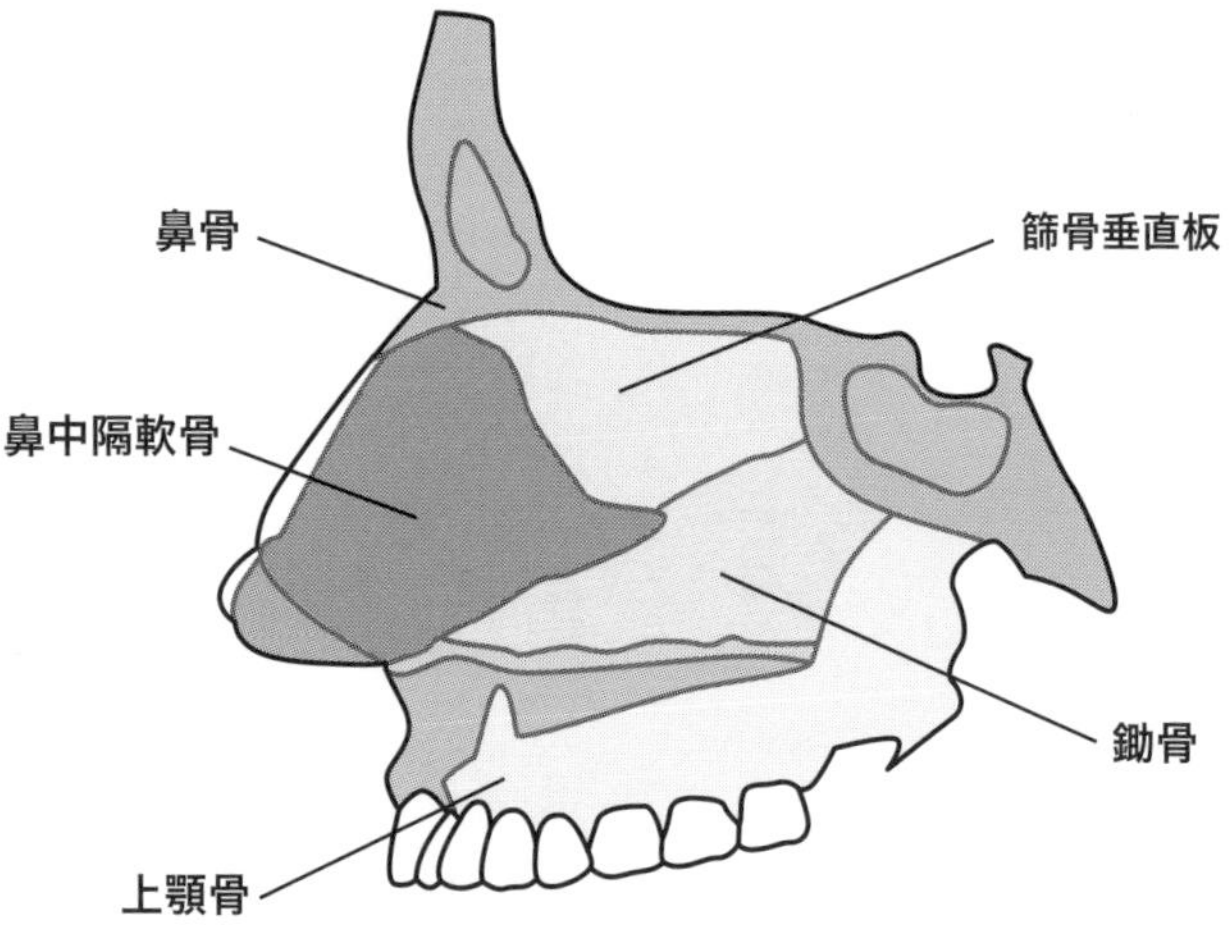

り、当初の悩みは解決されたものの、今度は鼻の形状そのものに強く影響して、違う悩みを引き起こしてしまう場合があります。病院及びドクター選びはぜひ慎重になさってください。

大きく切除されてしまったあとで隆鼻矯正をサロンで行うと、時間と回数がかかります。そして完全回復が難しいです。だいぶ気にならなくなったかな、というところがゴールと思ってください。

ヒアルロン酸の溶解後、プロテーゼの抜去後には骨が柔らかくなってしまって、元の強度に戻すのにも時間と回数がかかることがありますが、骨を削り取ってしまった場合のほうがもっと時間と回数がかかるということは何となくおわかりいただけるかと思います。

大きい切除は、元の形状に戻す（近づける）のも、外科手術にさらに頼らなくてはならなくなるという印象です。

鼻の曲がり、実は元に戻りやすい傾向があります。1回の隆鼻矯正、1回の手術でも、元のクセに引っ張られやすいことがあります。

隆鼻矯正では、回数を重ね、曲がりが目立たないように少しずつ整えていきます。私の持論ですが、「鼻の機能に影響のない軽度の曲がり」であれば、美容整形よりも隆鼻矯正のほうが優れていると思います。なぜなら、外科手術も隆鼻矯正も、一度では鼻の曲がりを整えにくく、地道に隆鼻矯正で曲がりを整えながら、鼻全体を整えていくほうが、リスクが低いからです。

外科手術は、わかりやすくいうと、出っ張っているところを削って、足りないところに何か異物を足すことで、曲がりを整えます。重度の曲がりなら外科手術のほうがよいと思います。

以前ご来店いただいた方で、事故で鼻の形が大きく崩れてしまい、美容整形で鼻の形を整えたのだが見て欲しいということで拝見したところ、触ると確かに、事故により通常の鼻の組織の状態ではないのですが、見た目にはキレイに鼻の形になっている。そのドクターの腕前の素晴らしさをその方にお伝えしたことがあります。

重度の曲がりならば、外科手術のほうがよいでしょう。しかし、頭蓋骨全体の歪みからくる鼻の曲がりは、外科手術の領域というより、隆鼻矯正の一環で行うほうが、顔全体が整いやすいのではないでしょうか。

曲がりは、100人いたら100通りあります。隆鼻矯正において鼻の状況に併せて、都度、施術を変えて慎重に行っていきますので、たいへんやりがいがある施術となります。

鼻の形から見た三つの曲がりパターン

曲がりパターン1

【斜め曲がり鼻】

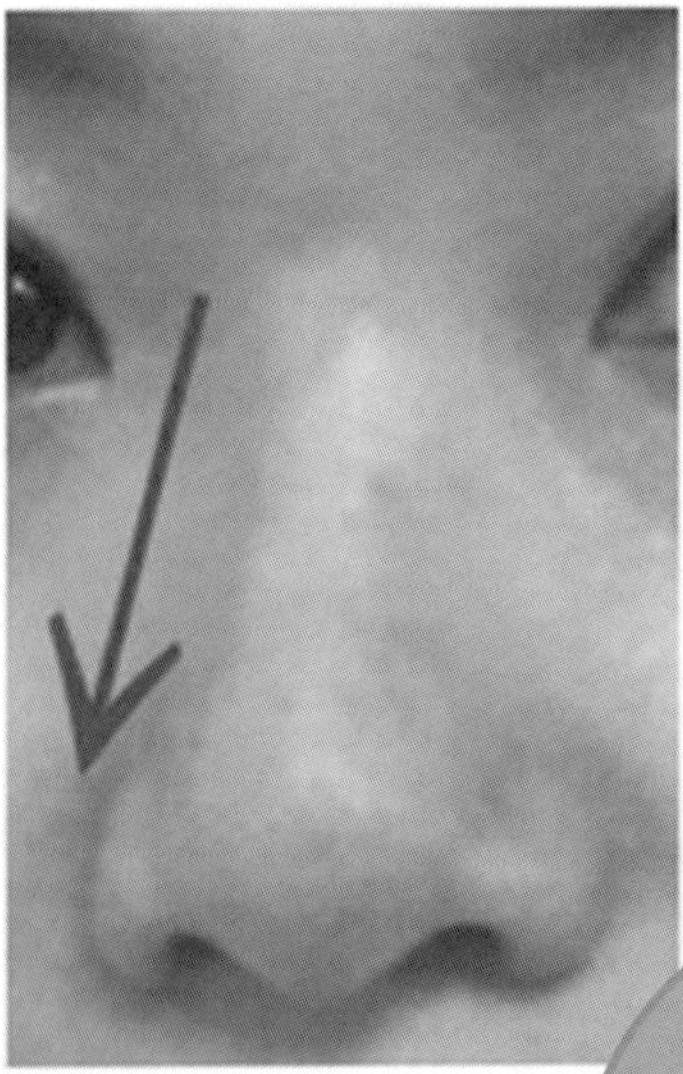

鼻全体が斜めに寄っているタイプ。鼻の高い方に多いです。鼻の高さがないと、そもそも曲がりに気づかないことのほうが多いのです。曲がりの理由は生まれつきも後天的も両方ありますが、理由は何か一つであることが多いです。

曲がりパターン2

【くの字曲がり鼻】

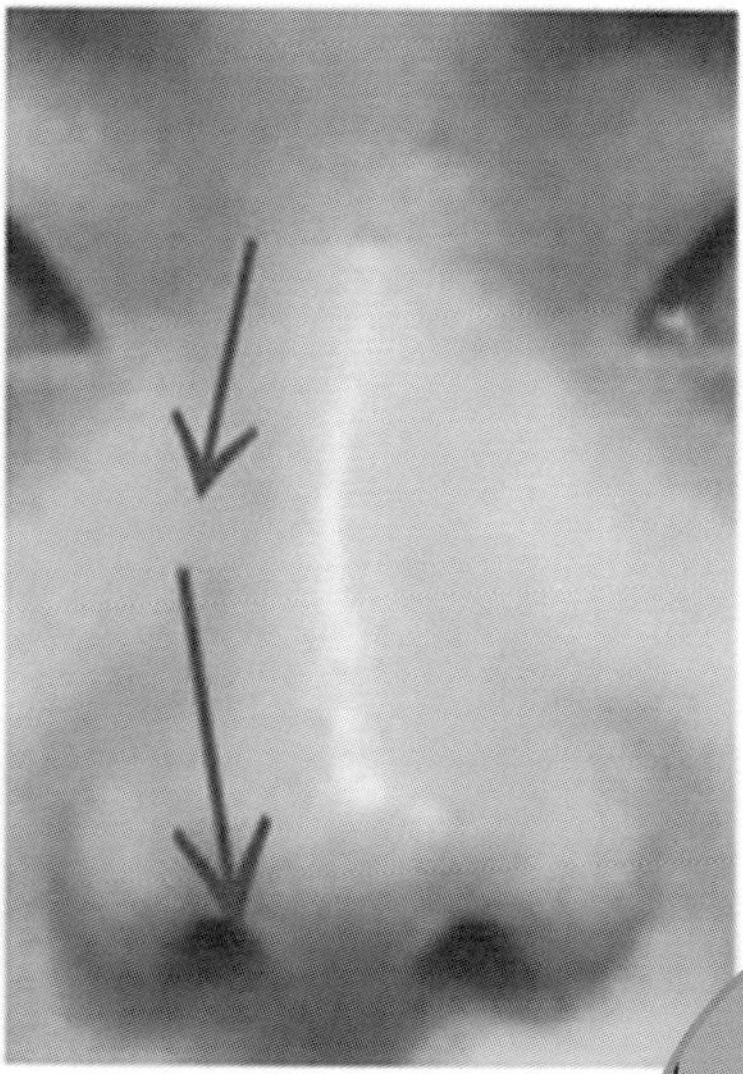

鼻の上半分と、下半分で傾きが逆で、「く」の字のように見えるタイプ。曲がりの理由は、生まれつきの場合も後天的な場合も両方ありますが、曲がりの理由が二つ以上入り交じり、鼻の曲がりが生じている場合が多くなります。

曲がりパターン3

【隠れ曲がり鼻】

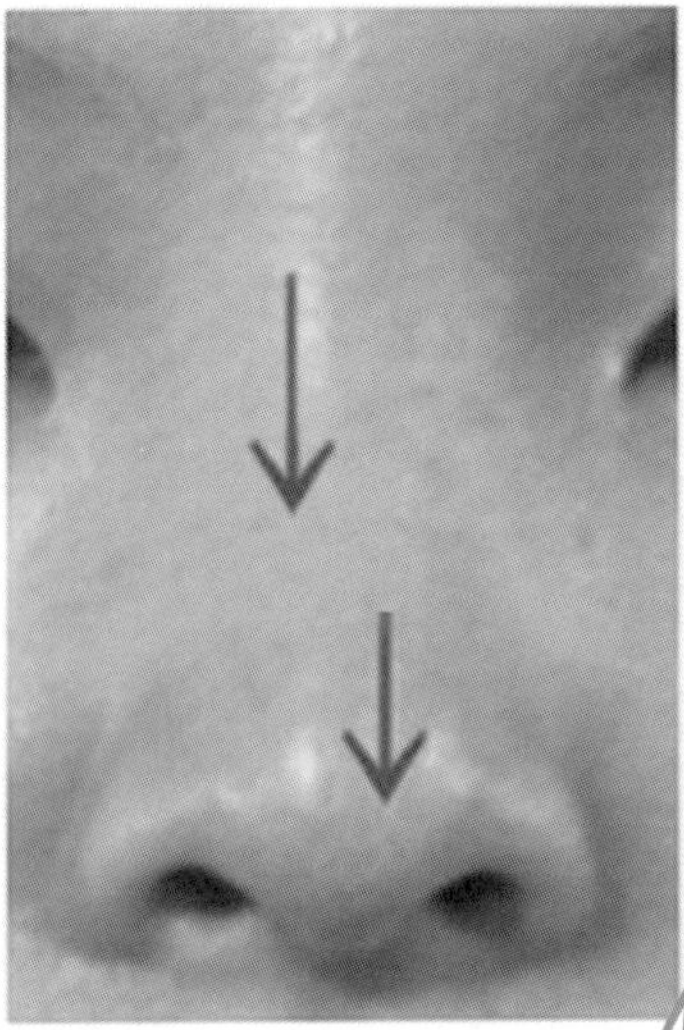

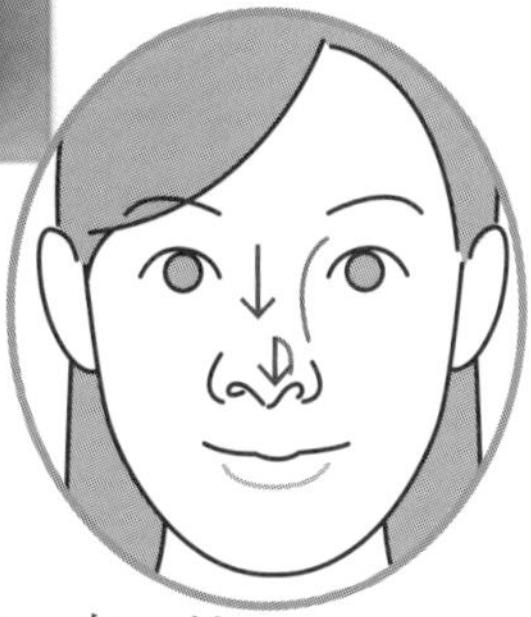

見た目にはわかりませんが、手で触ってみると鼻の左右で角度やかたさに差があるタイプ。

曲がりの理由は、生まれつきの場合も後天的な場合も両方ありますが、隆鼻矯正で高さが出てくるに従って、曲がりが明確にわかることが多いです。

隆鼻矯正では、曲がりが表面化しないように調整して高さを出します。

―第3章―

隆鼻矯正の施術とセルフケア

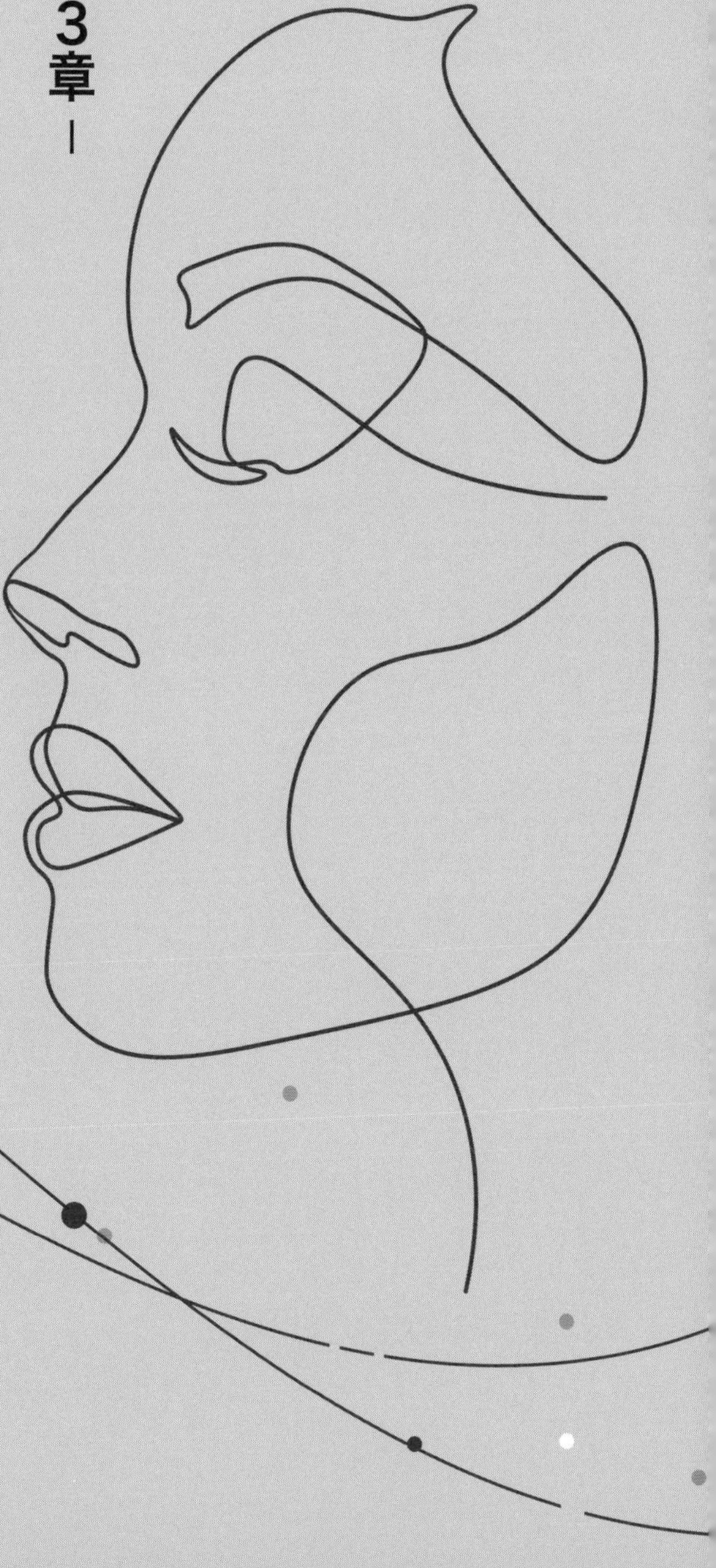

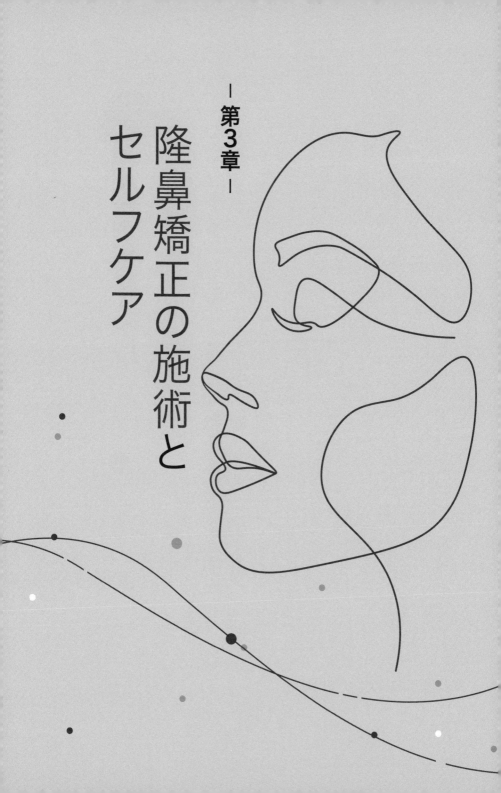

鼻が高くなるしくみ

頭蓋骨の鼻にあたる「前頭骨の骨の一部」「上顎骨の鼻の一部」「鼻骨」、及び軟骨の「外側鼻軟骨」「鼻中隔軟骨」「大鼻翼軟骨」および、その周辺組織に適宜な刺激を与えて鼻全体を整えます。鼻の成長を促すというイメージが、一番近いのではないでしょうか。

先述したとおり、鼻は呼吸器官として大切な役割を担っています。鼻が高い場合には、外部の衝撃から守るために鼻の骨はかたくなりますが、鼻の高さがなければその必要はなく、まるで「むやみな成長は不要！」と決めているかのように、鼻は柔らかいままです。

なので、鼻の高さを出すには、まずかたさをつくっていく必要があります。

骨細胞は、骨にかかる衝撃を感知し、衝撃があるかないかで新しい骨をどのようなペースでつくるかを決めています。そのため、適当な刺激を入れて骨細胞をじわりじわりとつくり出していきます。

そんなことができるの？と思うかもしれませんが、冒頭にご紹介したＭＲＩの画像でもおわかりいただけるとおり、回数の多いお客様は鼻が驚くほど変化しています。隆鼻矯正は、実際に鼻をつくり上げていくことができるのです。

外鼻、いわゆる「鼻」と認識されている部分の3分の2は軟骨ですが、軟骨部分だけで鼻の高さや鼻筋が決まるわけではなく、頭蓋骨部分の鼻も、鼻の形状に影響があります。

もともと鼻の高い方は、頭蓋骨の鼻も軟骨の鼻も前にせり出して長さもあり、さらに高さを出すにしても、鼻骨部分から軟骨部分に向けて鼻筋を触っていくと、かたさがずっと続いてて、どこから軟骨がはじまったのかわかりにくくなっています。

それに対して、鼻の低い方は、頭蓋骨の鼻も軟骨の鼻もせり出しが短く、鼻筋を触ると、鼻筋の真ん中くらいにある軟骨部分から柔らかさを感じます。

鼻を高くするということは、まず土台となる頭蓋骨の、鼻を構成する骨をかたくし、適当な刺激を入れて骨の細胞をつくり出す必要があります。そのことで鼻に高さが出てきて、形を維持しやすくします。

市販されている鼻軟骨につける器具等では、鼻がすっきりすることはあっても、根本的な高さが出づらいというのは、頭蓋骨の鼻が根本的なカギを握っているからです。

では、軟骨部分をみていきましょう。頭蓋骨の鼻に近いほうが軟骨にもかたさがあり、先端にいくにつれて柔らかくなり、鼻先は柔軟な動きができます。

隆鼻矯正で鼻の高さを出すのに、もともとの鼻の高さによって、早い遅いがあります。鼻の高い方のほうが高さがすぐ出て、鼻の低い方は、高さが出るのがゆっくりです。

鼻の低い方についてご説明します。次ページの頭蓋骨のラインが「頭蓋骨の鼻」の部分です。鼻が低い方の場合、上顎骨の一部で鼻として前にせり出している部分がほとんどない方もいます。仰向けに寝て、目と目の間を触ると平らであり、そのまま鼻先端まで盛り上がりがない方はこの形状です。

構造的には、上顎骨の一部が前にせり出さず、平らであるということです。同様に鼻骨もほぼ平らです。その場合、骨としては頭蓋骨なのですが、鼻部分の骨はまわりの骨と異なり、柔らかめなのです（82ページの図）。

この状態から鼻の高さをつくり上げるので、回数と時間がかかるということはおわかりいた

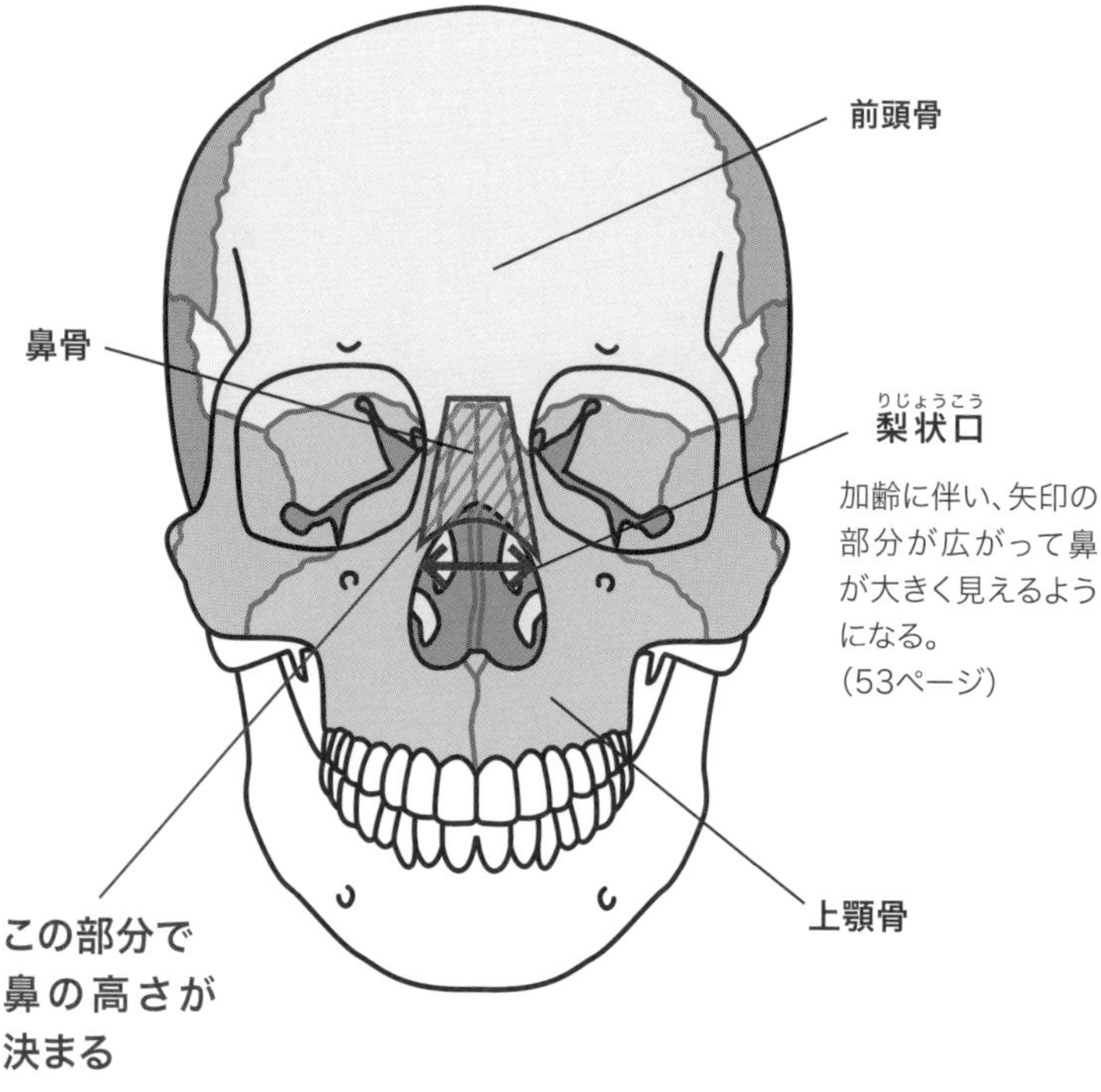
前頭骨
鼻骨
梨状口《りじょうこう》
加齢に伴い、矢印の部分が広がって鼻が大きく見えるようになる。
(53ページ)
上顎骨
この部分で鼻の高さが決まる

だけると思います。

そのほか、高さが出るまで時間がかかりやすい傾向の鼻は、鼻先端がいわゆる「ニンニク鼻」「あぐら鼻」といわれるような、縦横にボリュームがあるか、横に広がりが強い鼻です。

頭蓋骨の鼻の部分の前へのせり出しが少なく、ボリュームのしっかりある鼻は衝撃に強いのです。これはある意味、完成されていて優れた鼻なのですが、残念ながら、流行りの鼻の形ではありません。鼻先端のボリュームを増やしたい！というご要望は、今まで聞いたことはないです。

この形状の鼻の場合、隆鼻矯正で少しぐらい高さが出ても、すぐに鼻筋をつくりはじめませ

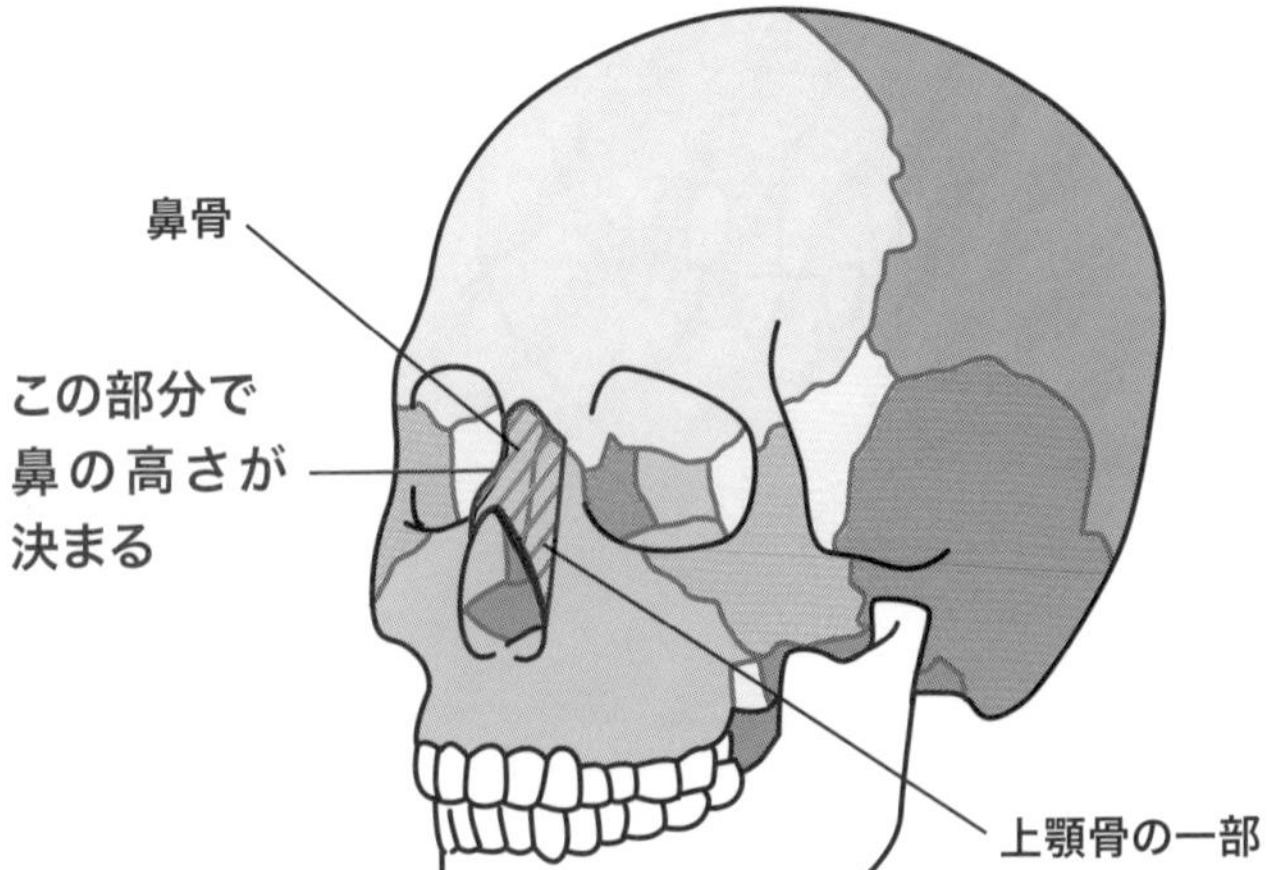

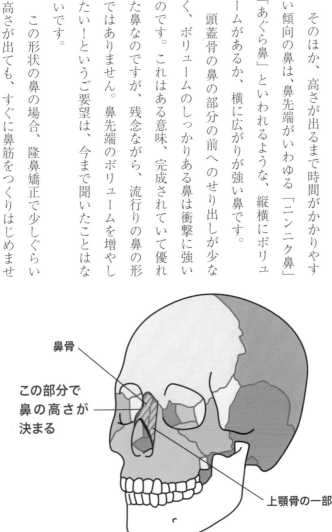

ん。もともと「鼻骨と上顎骨の一部」とその先に続く「軟骨部分」との連動性も少し弱めで、形状としては、分断しているような、独立しているようなイメージです（構造上はつながっているが、つながりが弱い形状という意味）。

衝撃からしっかりと守れる鼻先端の持ち主なので、頭蓋骨が持つ鼻のかたさの延長で鼻筋をつくるのに、やはり回数と時間がかかります。しかし時間と回数をかけると、鼻筋が通ってきて、鼻全体の形状がスッキリとしてきます。

施術をしながら、そういったことを目の当たりにすると、鼻の進化は素晴らしい！と思います。私は密かに「ＤＮＡを超す」とか、「ダーウィンの進化論」のことを思い描き、密かに感動していますが、あまりまわりの人にはいっていません。

鼻について語りはじめると、ちょっと熱くなってしまいますが、ここから隆鼻矯正の施術について、基本的な流れをお伝えいたします。

ステップ0 カウンセリング

実は、施術前のこのカウンセリングが、隆鼻矯正の満足度を高める、もっとも重要な段階です。初めて施術をされる方は、緊張を感じながら来店されます。このときに、悩み、要望をしっかり聞いておくことが大切ですので、できるだけリラックスした状態でカウンセリングできるよう、環境を整えます。

また同時に清潔感ある店舗であることが大切です。室内の温度（外気温に対応して調節）、香り（サロンでは13種類のアロマを配合してエネルギーバランスを整え、どのお客様にもよいと感じてもらえるアロマにしている）、ＢＧＭ（音量を絞ったリラクゼーション音楽、またはなくてもよい）などにも注意を払い、日中であれば、自然光の入る場所でカウンセリングできると、お客様もよりくつろげるでしょう。

お悩みは、どんな小さなことでも、もらさずにうかがいます。細かくうかがうことで、お客様は安心感をもちますし、あとあとのトラブルを避けることにもつながります。セラピストから見て、このお客様はこんなお悩みだろうと勝手に決めつけるようなことはせず、必ずお客様ご自身にお悩み箇所を聞くようにしてください。

鼻の根元から小鼻、鼻先にかけてだけでなく、顔全体のバランスから見て、どのようにしたいか、また正面からの見え方だけでなく、横、斜めなど、角度を変えた見え方についてもうかがいます。

気をつけていただきたいのは、美容整形を一部されていらっしゃる方もいます。施術の際に注意して触れる必要がありますので、どのような美容整形をいつされたのか、正直にお話しいただくようにしましょう。手術から間もない場合は、少し時間を置いてから矯正したほうがよい場合があります。

実際にお顔を見ながら要望を聞き、説明するため、顔全体が近くでしっかり入る大きな手鏡は必須。

ステップ1

頭蓋骨の左右を確認

顔から頭全体の歪みは、施術ベッドに横になった状態で確認します。お客様のお話だけで決めつけず、自分の手指で、より細やかに判断をしてください。

頭蓋骨全体を見て、また触れて、歪みがないかを確認します。カウンセリング時に、クセを事前に聞けることもありますが、クセはご本人が気づいてないこともあります。歪みがあるなら、寝方、鼻への触り方など、一つ一つ確認していきましょう。

頭蓋骨の歪みや、日常のクセが鼻の曲がりをつくっている場合があります（サロンでは、必要に応じて頭蓋骨全体の矯正を行ってから鼻の施術に入る）。

1

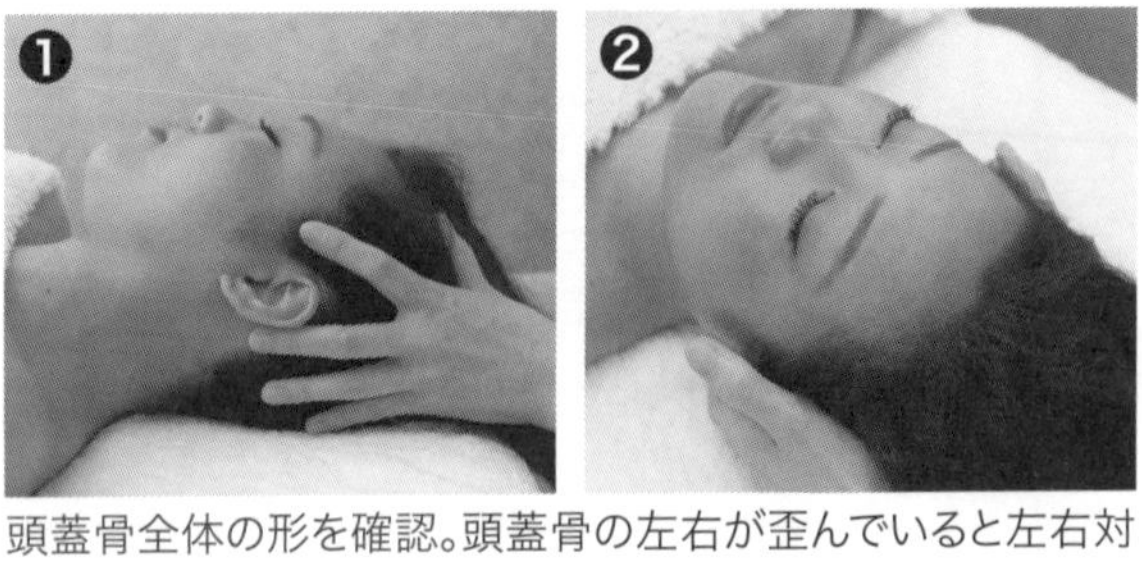

頭蓋骨全体の形を確認。頭蓋骨の左右が歪んでいると左右対称にならず、鼻の曲がりが生じる場合がある。

2

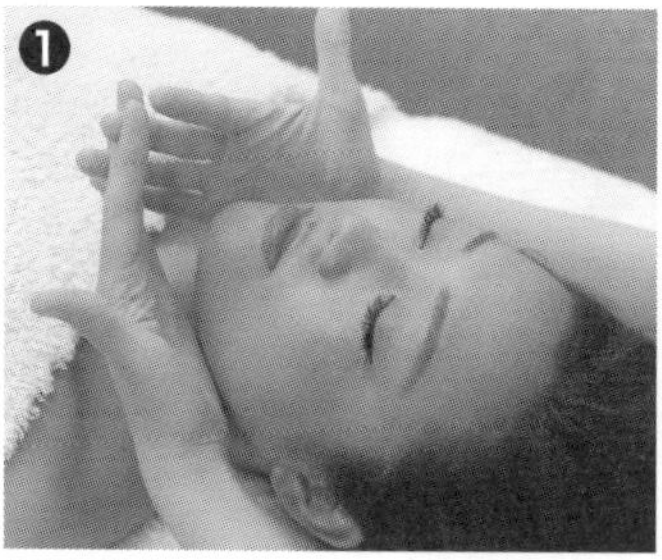

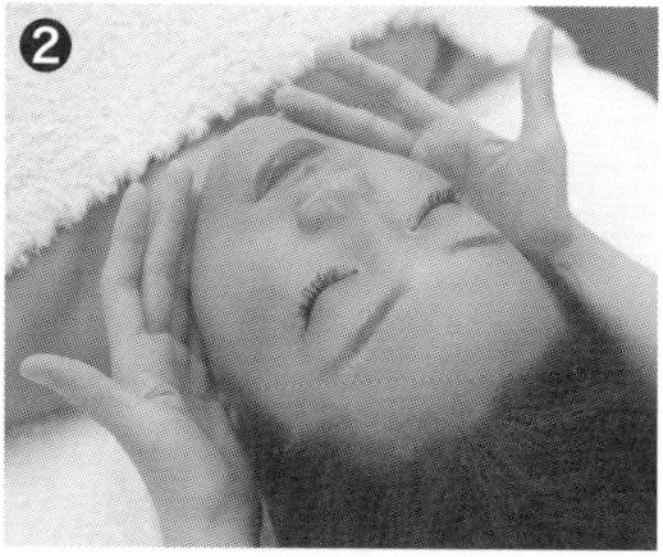

顔下半分を手のひらで包むようにし(写真①)、あご先からえらまで、左右の輪郭の歪みを確認(写真②)。必要に応じて、下あごの矯正を行う。

3

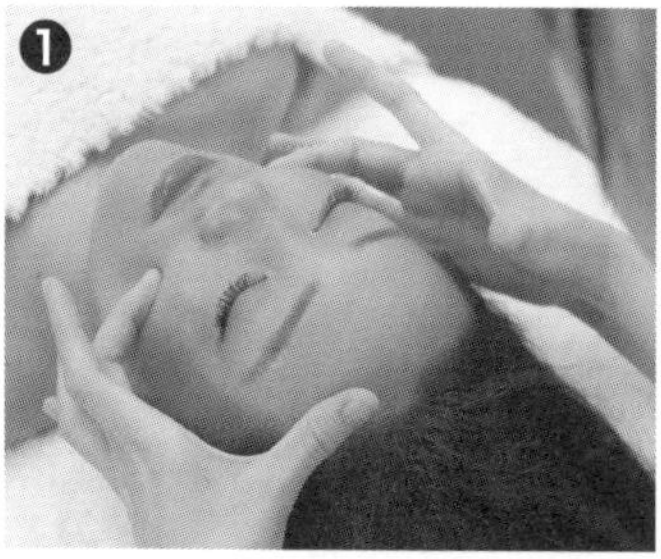

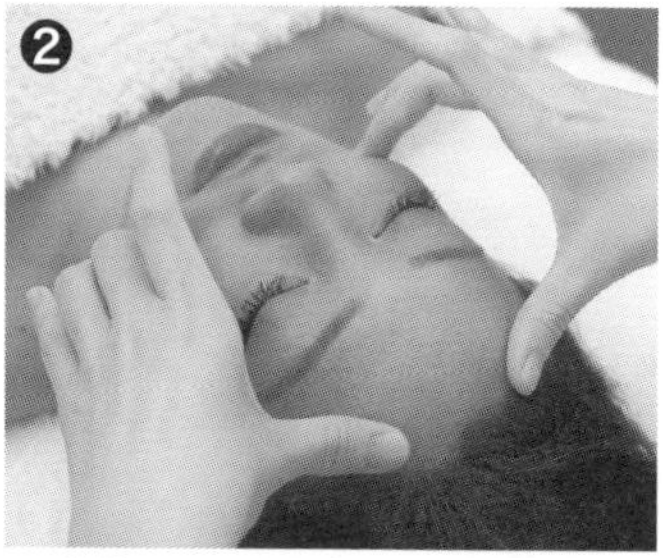

親指をおでこに置き、安定させて中指と薬指で頬骨をとらえ(写真①)、左右の頬骨の高さの違い、側頭骨の左右差を見る(写真②)。必要に応じて、おもに頬骨、側頭骨の矯正を行う。

4

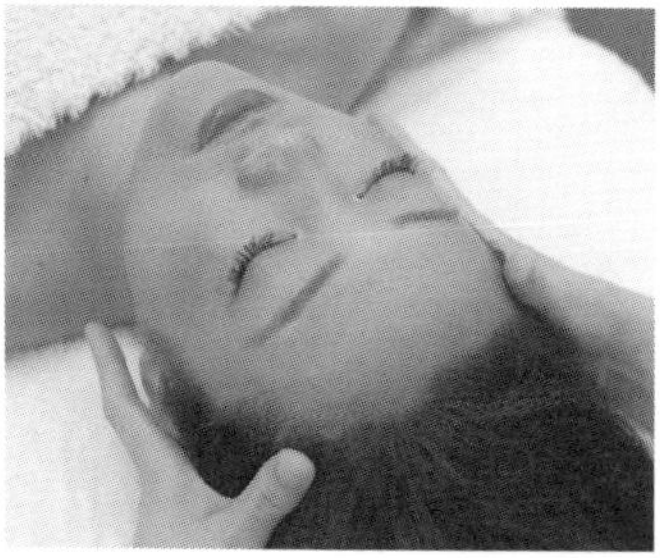

[2][3]とともに、全体の歪みや左右差がないか確認する。必要に応じて、おもに前頭骨、頭頂骨、側頭骨の矯正を行う。

ステップ2

鼻の左右、形を確認

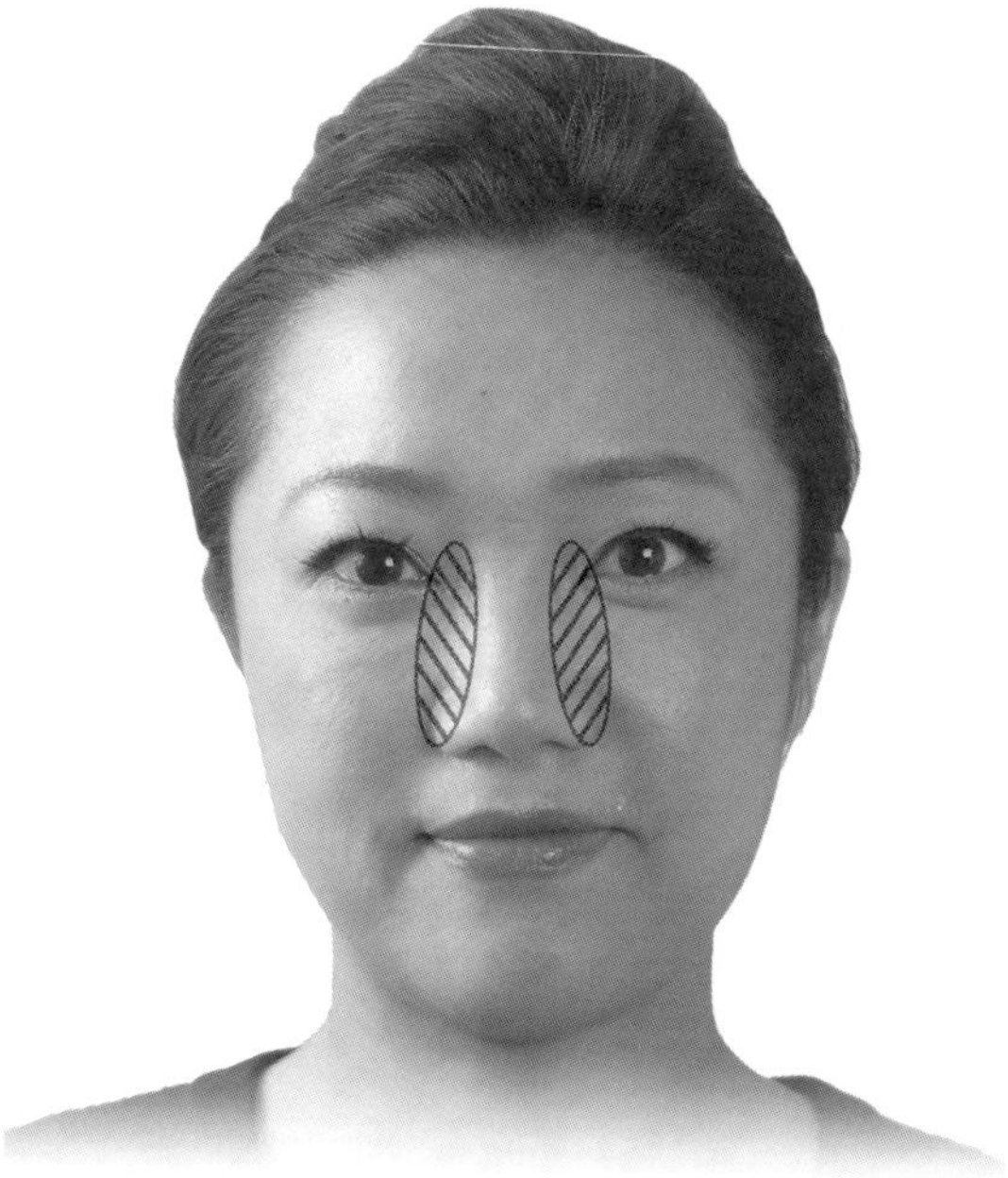

実際鼻に触れて、左右差の確認を行います。両側から指で鼻を触り、どちらかに引っ張られるように曲がりがないかを確認します。また、頭蓋骨から続いている鼻骨の部分から軟骨の鼻の部分は、右側には左手の手根を、左側には右手の手根をあて、鼻筋が曲がっていないかを確認します。さらに、鼻骨と鼻軟骨の連動性について、指や手根を動かして強いのか弱いのかを確認します。

1

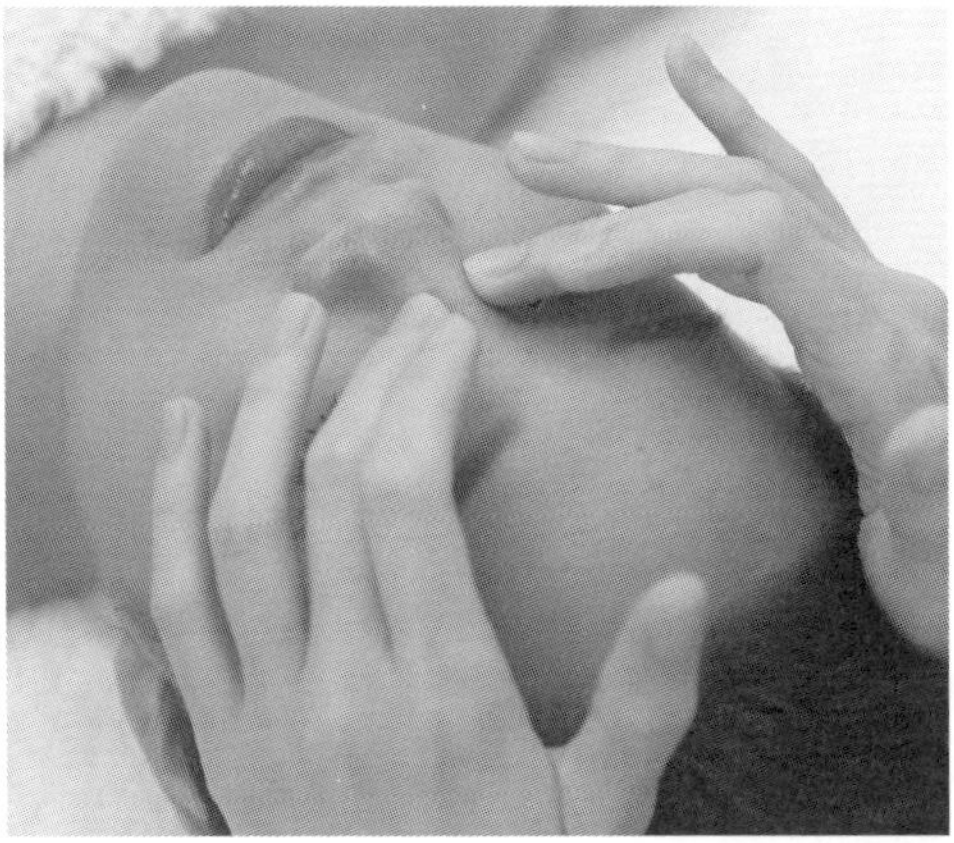

両側から左右対称になる位置に指も左右対称にあて、高さや曲がりに差がないかを見る。

2

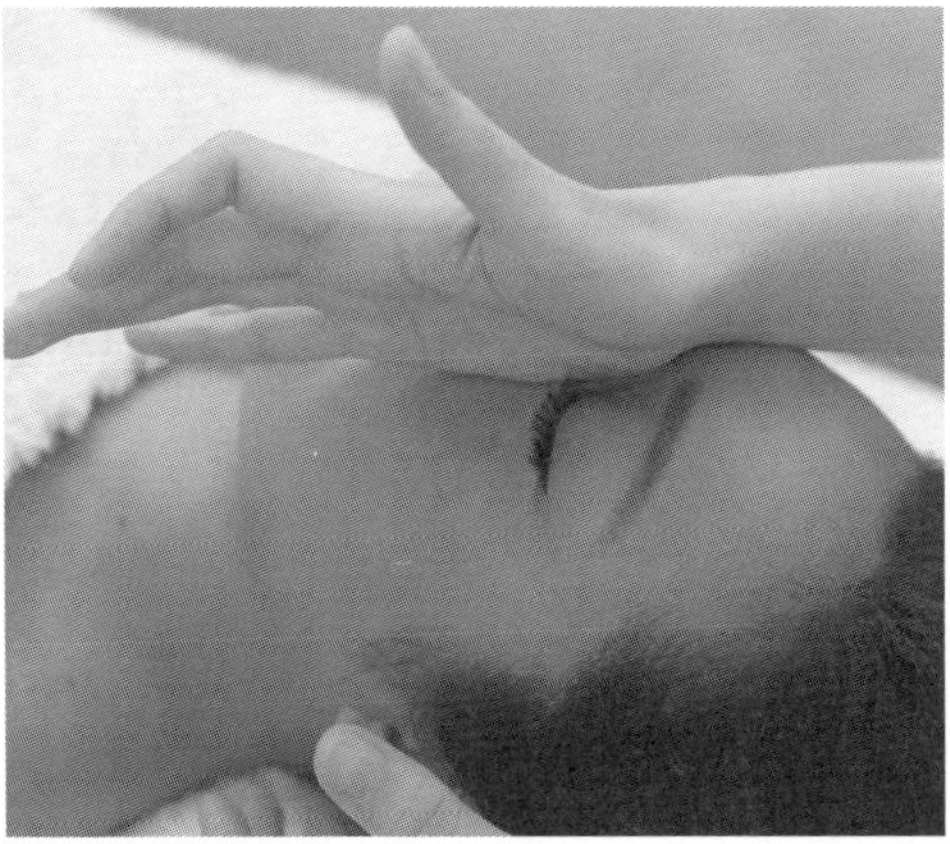

鼻のつけ根から小鼻の上あたりを、手根で静かに触れる。鼻骨と軟骨の連動性を確認する。

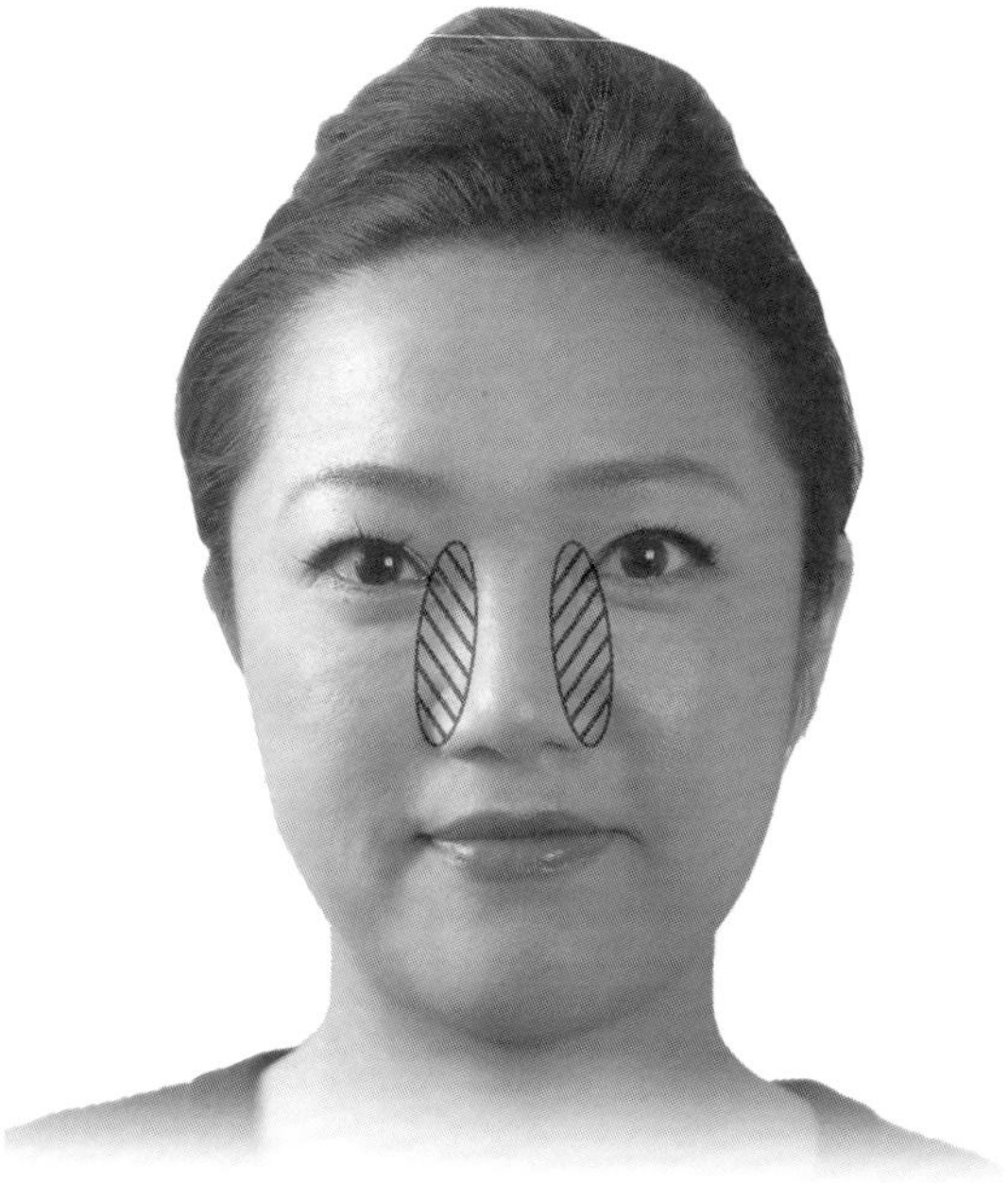

ステップ3

鼻の高さ、形の確認

鼻の高さを確認します。上顎骨の幅に対しての高さ（鼻が前に出ているかどうか）を触れながら確認しましょう。

手根から伝わる上顎骨や鼻骨の骨の感覚で、鼻の形状全体を読みます。実は、指よりも手根のほうが、骨をとらえる感覚器として優れています。

施術者は、手根の感覚を研ぎ澄ましましょう。

1

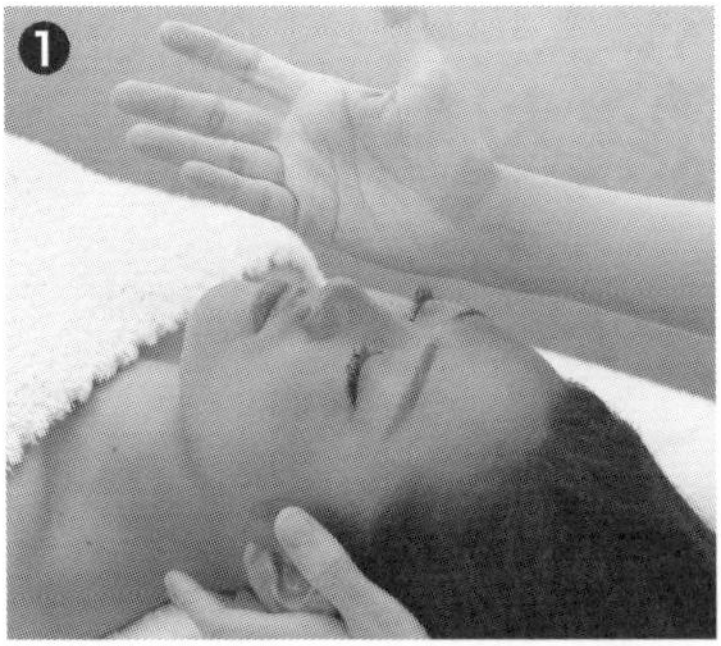

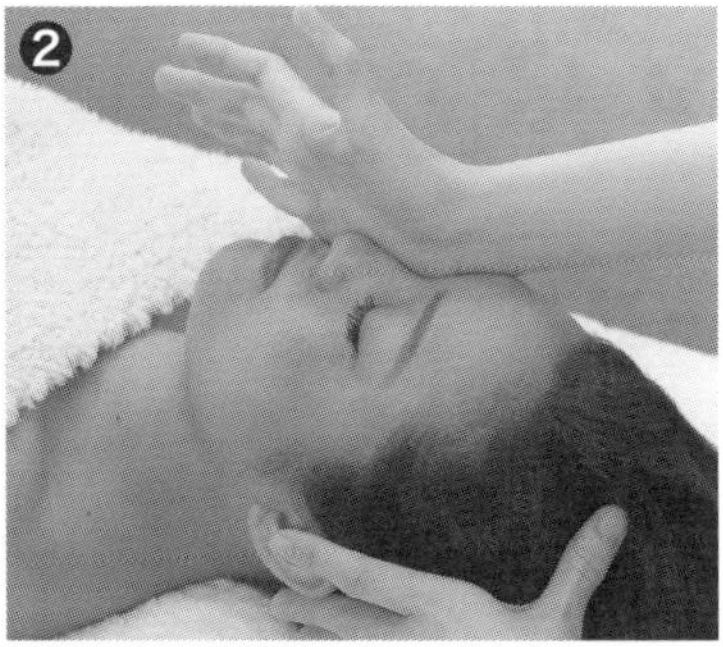

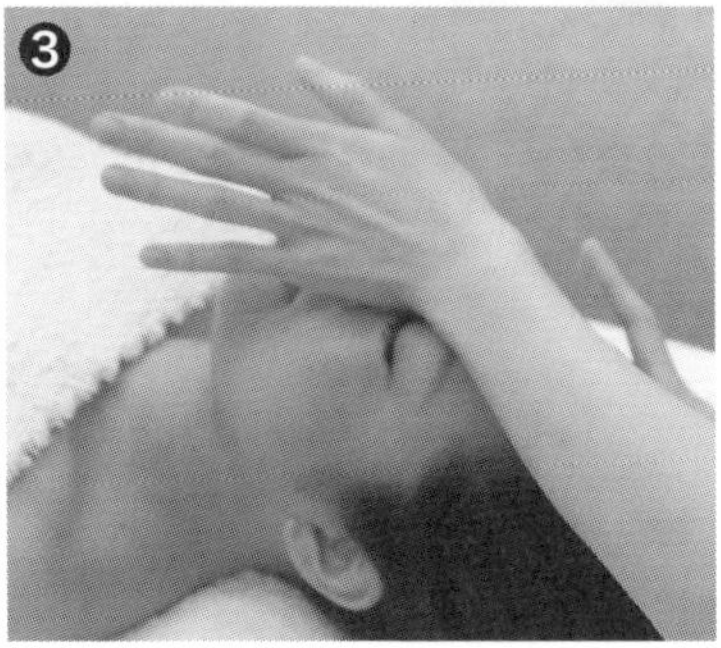

手根を上顎骨部分にそっとあてて倒し、鼻がどれくらい出ているか、鼻骨の高さを感触で確かめる(写真①②)。反対側も同様に行う(写真③)。

2

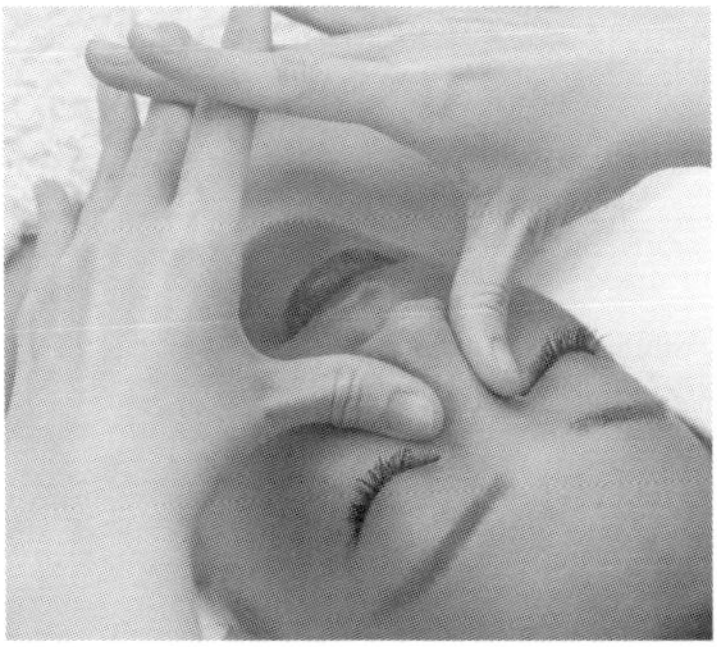

手を交差させ(こうすると安定する)、親指を小鼻の少し上にあてる。軽く押しあて、頬の骨の高さに比べて、どのくらい前に出ているかを見る。

ステップ4

鼻骨と上顎骨に刺激を加える

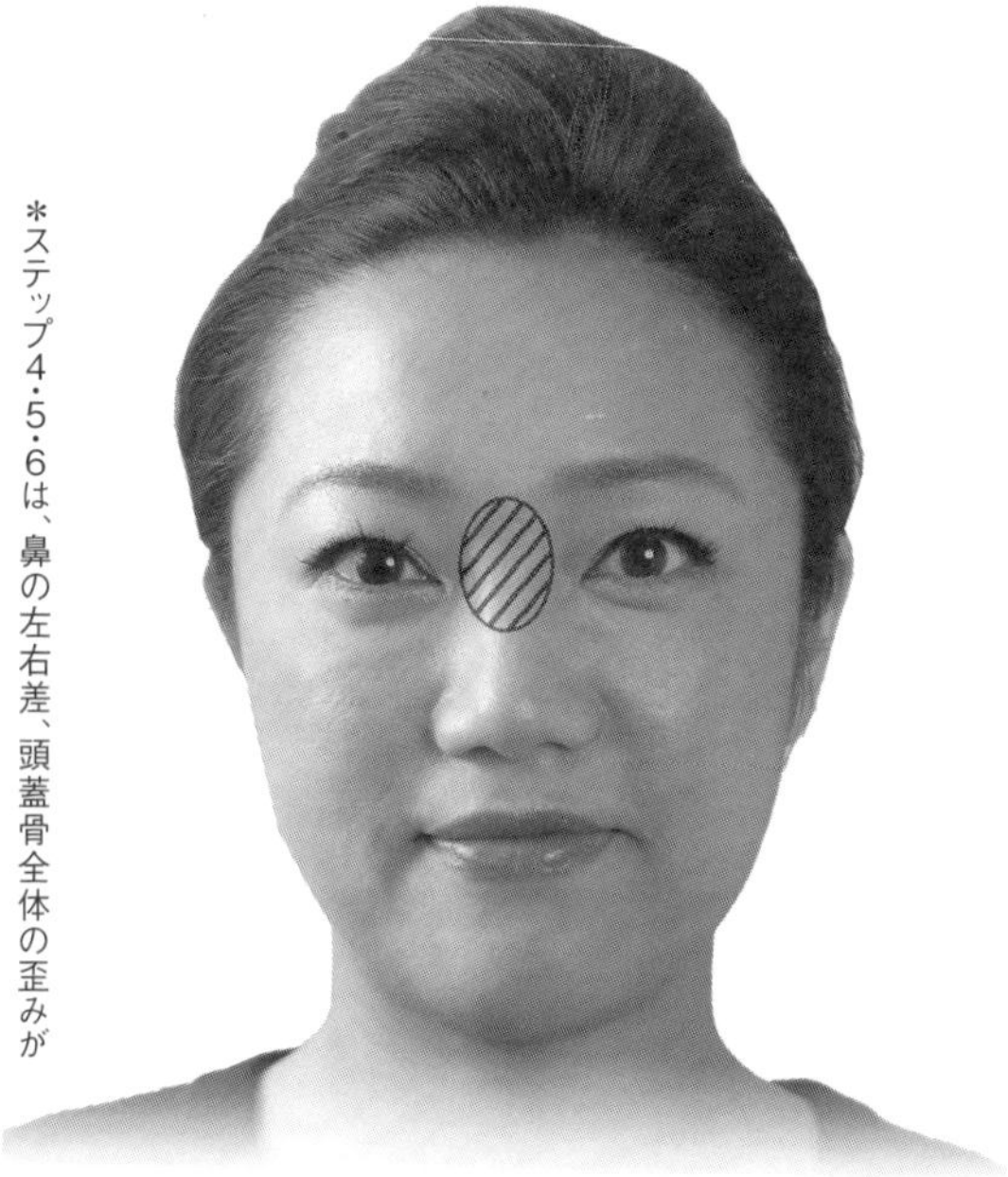

＊ステップ4・5・6は、鼻の左右差、頭蓋骨全体の歪みがない前提での施術です。

まず鼻骨と上顎骨に強い刺激を入れ、骨をかたくして土台をしっかりさせます。左右の手で刺激を入れます。左右は同じ力で。強弱があると、曲がりが生じてしまいます。

ステップ4ができないと、ステップ5、6の効果の維持が難しくなります。

鼻骨下部（鼻の中盤くらいの位置）にしか手根が当たらない場合、鼻の幅が太くなる可能性がありますので、細心の注意を払って丁寧に施術をしましょう。

1

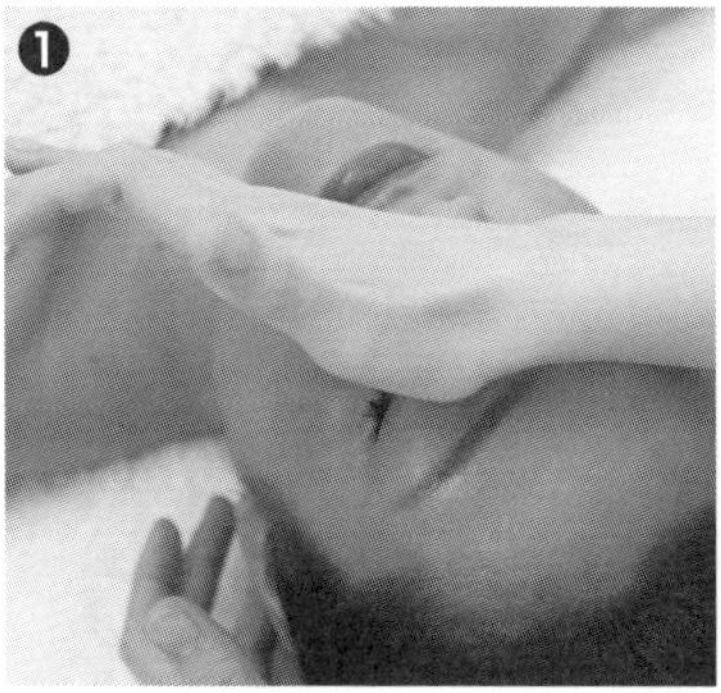

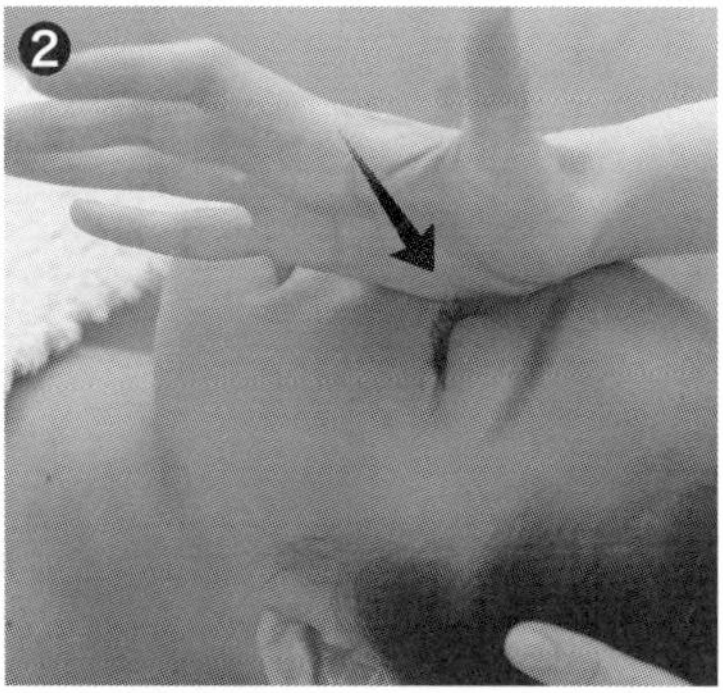

手の甲側が鼻側になるように置き(写真①)、写真②のようにあてて、手根で上顎骨を矢印の方向に押す。まつげや目のまわりに触らないよう注意。

2

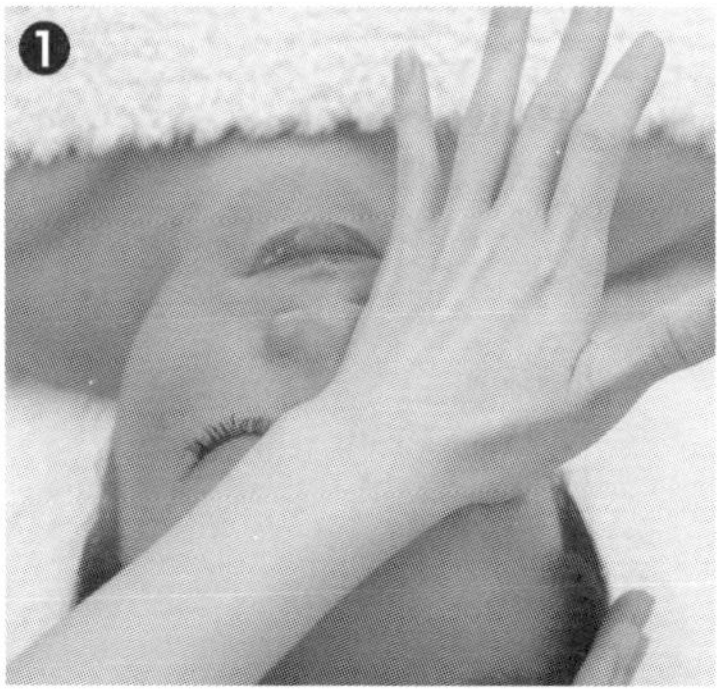

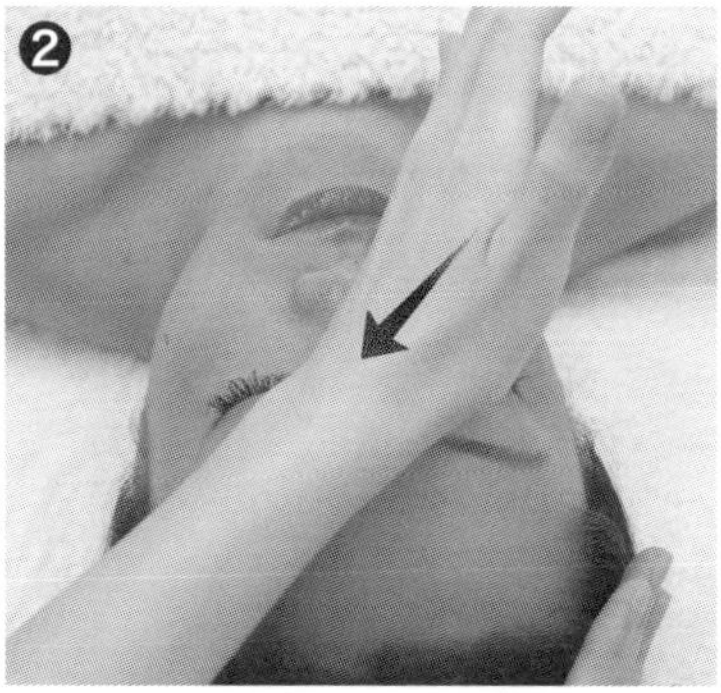

逆側も同様に上顎骨に手根をあて(写真①)、矢印の方向に押して刺激を加える(写真②)。

ステップ5

指で挟んで盛り上げ、引き出す

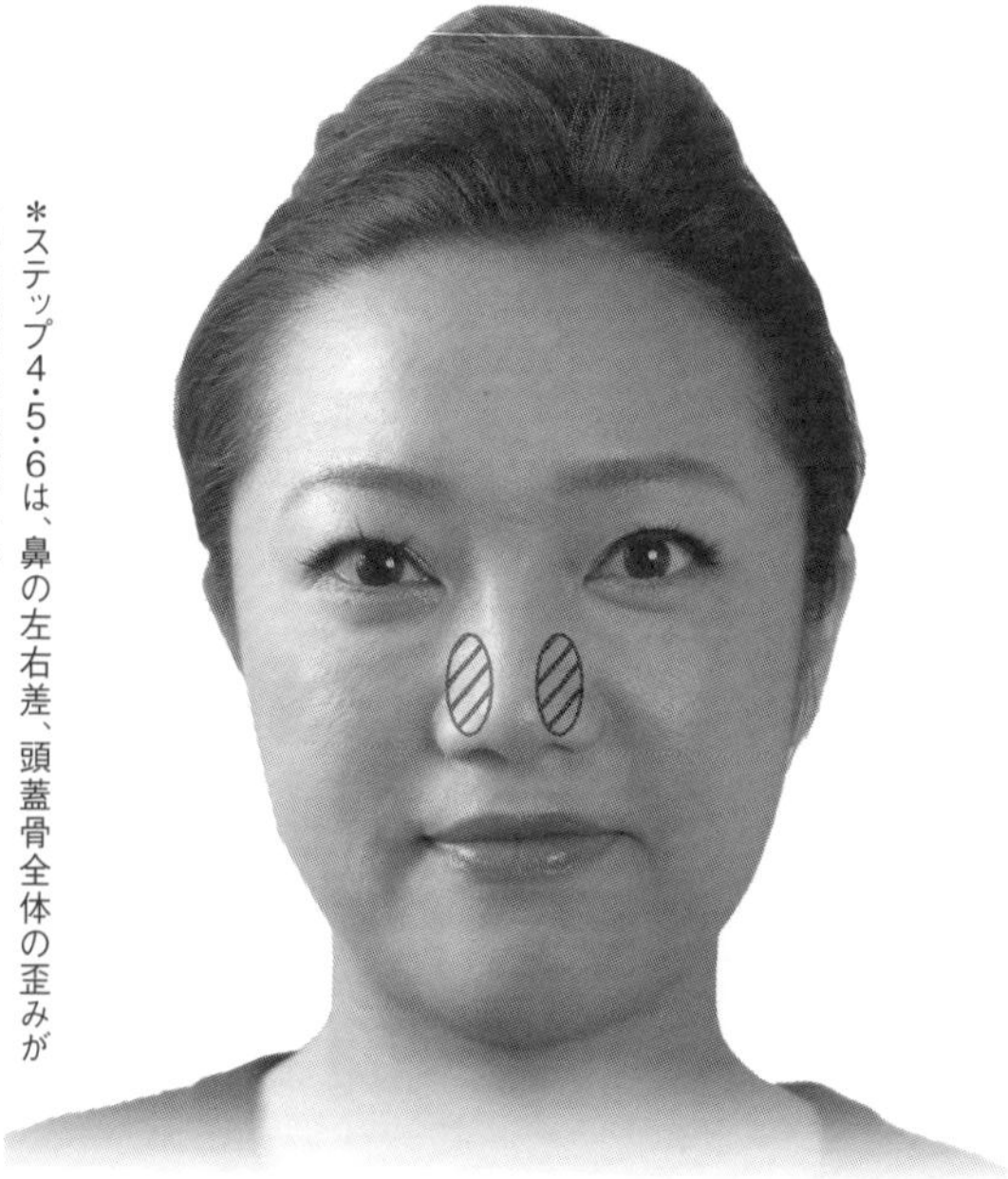

＊ステップ4・5・6は、鼻の左右差、頭蓋骨全体の歪みがない前提での施術です。

鼻先が丸く見える人は軟骨が柔らかい傾向があります。大鼻翼軟骨が開いていると、鼻先が丸くなるので、この部分を挟んで丁寧に整えることで、シャープな鼻筋をつくります。

ステップ4が鼻の土台をつくり、鼻筋をつくり出し、その鼻の形状を維持する基本です。ステップ5だけだと「なんちゃって鼻の矯正」みたいになります。

1

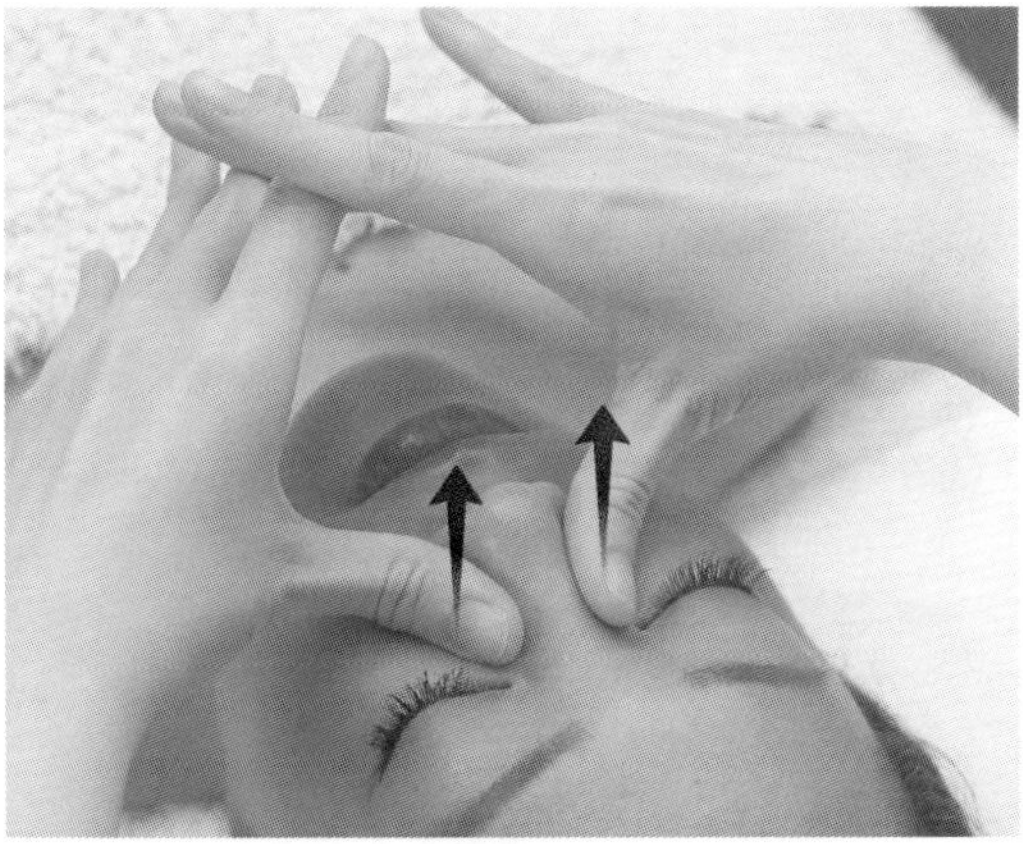

上顎骨の鼻の部分を両親指で挟み、上に持ち上げる。手が重なる部分は指を交差させると行いやすい。

2

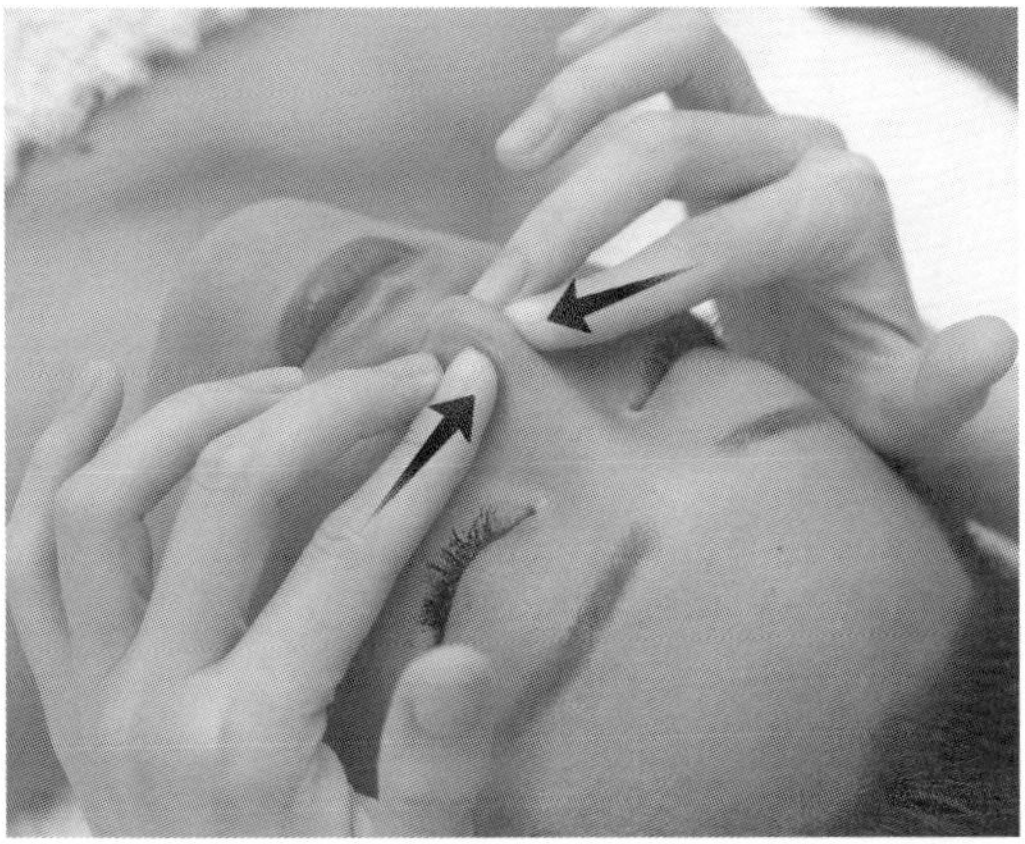

外側鼻軟骨と大鼻翼軟骨を両方の指で押す。少しだけ上に持ち上げる。上に持ち上げる力はわずかで、左右同じ圧で丁寧に押すことが大事。指は自分の使いやすい指でよい。中央に位置する鼻中隔軟骨を意識する。

ステップ6

鼻の形を整える

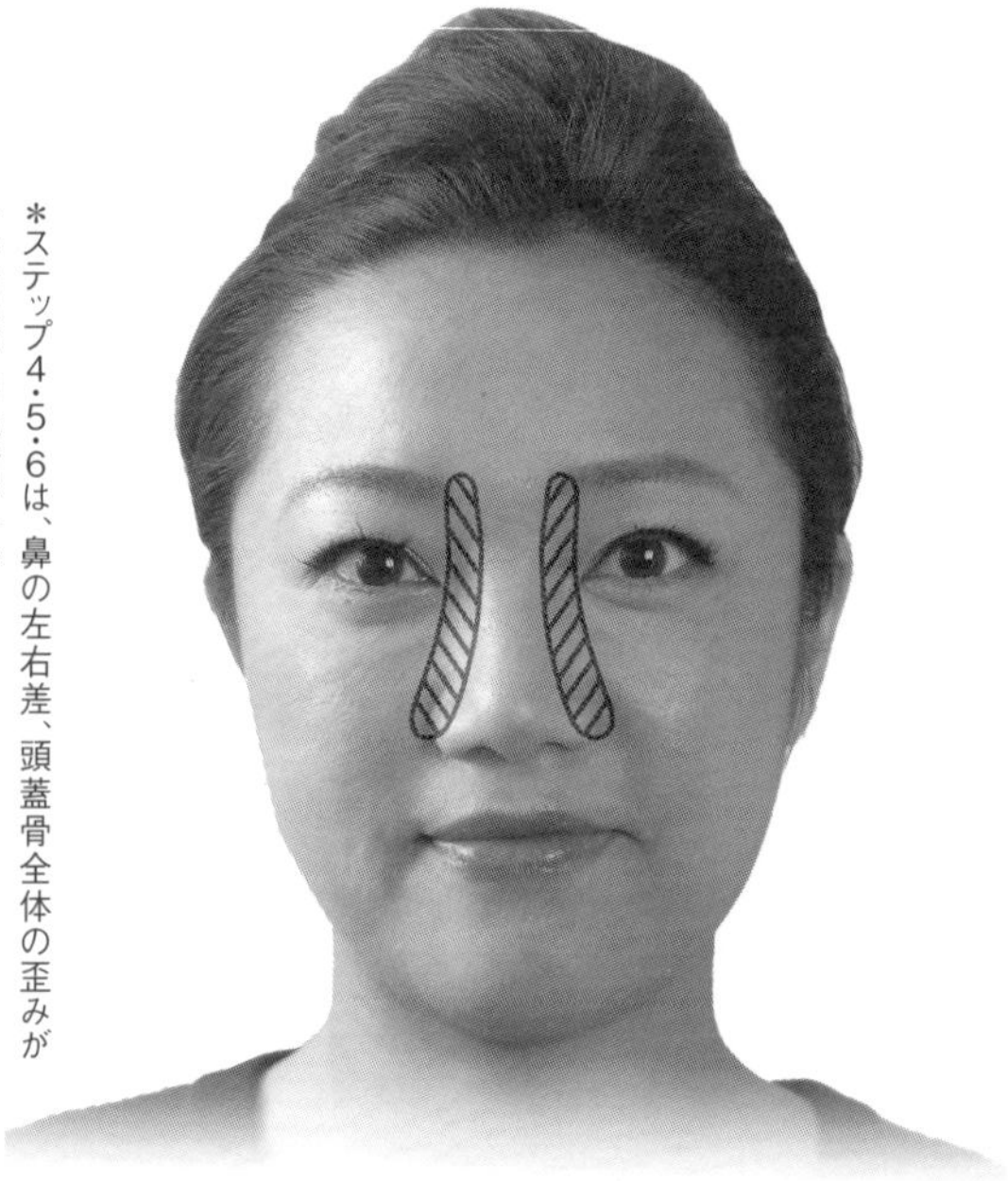

＊ステップ4・5・6は、鼻の左右差、頭蓋骨全体の歪みがない前提での施術です。

鼻先が丸みを帯びている鼻は、大鼻翼軟骨の先部分が離れていたり、脂肪がついていたりすることが考えられます。この部分はすべて軟骨でできていますので、軟骨にクセをつけながら、形を矯正していくことになります。

必ず同じ指で両側から押すことが肝心です。指が変わると圧のかかり方が変わり、曲がりが生じます。お客様の顔の正面に位置し、顔の中心線からずれないように行います。

1

外側鼻軟骨を親指ではさむ。残りの４指は交差させる。左右の指を同じように扱うこと。鼻に対する親指のあたり方が微妙に変わると、曲がりの原因になる。

注意していただきたいこと！

頭蓋骨の鼻の骨（鼻骨・上顎骨の一部）と軟骨(外側鼻軟骨・鼻中隔)は連動していますが、動かしやすい軟骨部分だけを上に持ち上げると連動が弱まり、むしろ鼻はふわんと丸くなります。

加減を間違えると、鼻先が丸くて悩んでいるお客さまには逆効果になります。クレームにもつながりやすい重要な部分です。

ここに気がつかず、回数を重ねると、元に戻すのもたいへんです。くれぐれも注意してください。

施術にあたっての注意点

これらの施術を繰り返し行うことで、鼻の形はだんだん変わってきます。冒頭でご紹介したようなビフォー、アフターの画像は、4～6カ月間で10回施術を行い、結果を出したものがほとんどです。形がしっかり結果となって現れるだけに、施術の仕方がよくないと、それもまた結果として出てしまいます。

セラピストが施術の際に注意すべき主な点をいくつかあげました。どの鼻のタイプの施術にも共通します。

つねに左右同じ指・手根を使う

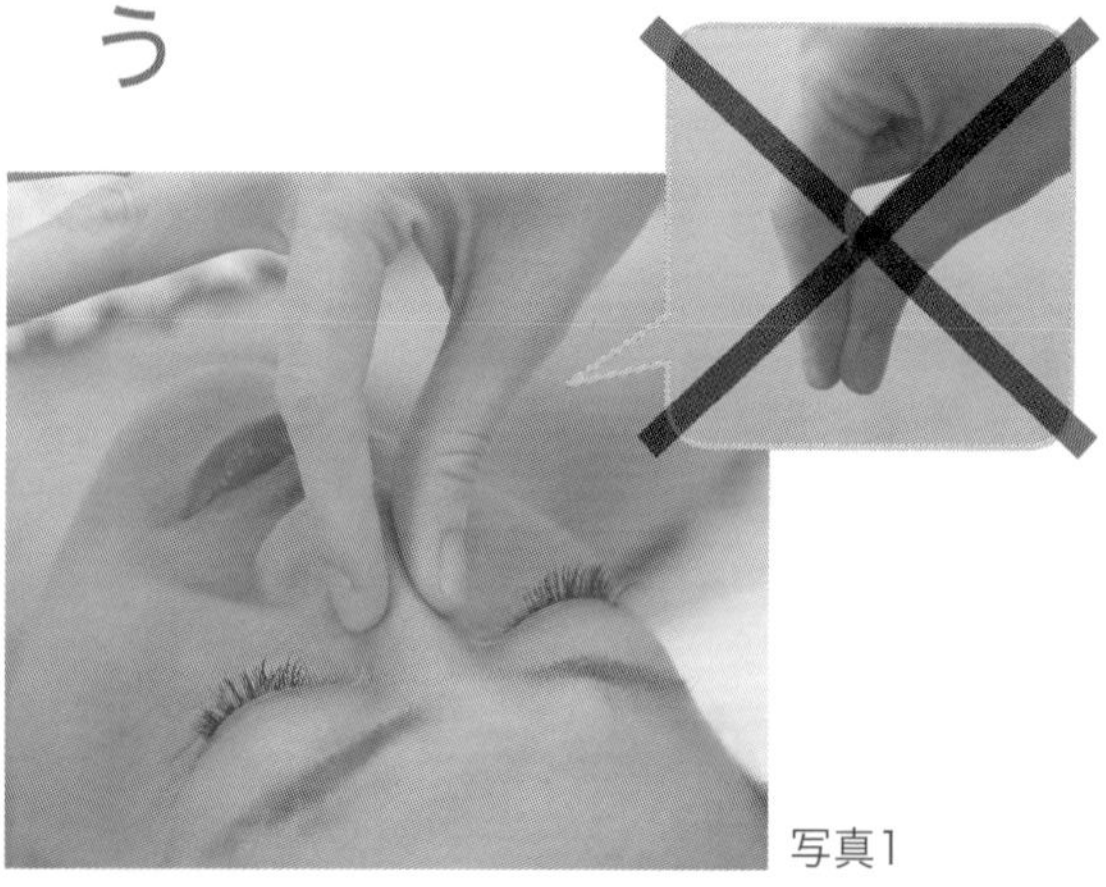

写真1

もっとも基本的なことで注意すべきなのは、「左右の指・手根はつねに同じ指・手根で行う」ということです。たとえば写真1のように、親指と人差し指でつまむということは絶対にしてはいけません。

5指の指の腹はすべて当たる面積が違います。押したり、引っ張ったりしたときの力の強さも違います。鼻にかかる圧が右と左で違うと、強いほうの力に押されて、曲がりが出てしまいます。

これは利き手とそうでない手にもいえることです。したがって、まず、左右が同じ強さでアプローチできるよう、力加減を調整するようにしてください。

反対に、左右で力加減を変える必要もあります。

鼻に曲がりがある場合、まず鼻の曲がりを矯正してから隆鼻の施術を行います。この場合は、カウンセリングの段階でお話しすることができます。が、もともとの鼻の高さがあまりない状態だと、左右差がわかりづらい場合があります。

そうすると、鼻の高さが出てくることで左右差が明確になります。その場合、お客様に必ず左右差があることをお伝えしながら、鼻の曲がりが出ないように気をつけて施術を行ってください。左右差があることをお客様にお伝えしないと、左右で異なる矯正をセラピストが行った際、お客様は不安になります。

瞼を押さないようにする

鼻のすぐ横に目がありますので、この点は十分に注意しましょう（写真2）。隆鼻矯正は全身の力をこめて行うものではありませんが、相応の圧をかけるものです。特に目頭の側に手を置いて圧をかけるとき、眼球を押してしまうと事故にもつながりかねません。

手根を使う位置はつねに確認しながら行うようにしましょう。

写真2

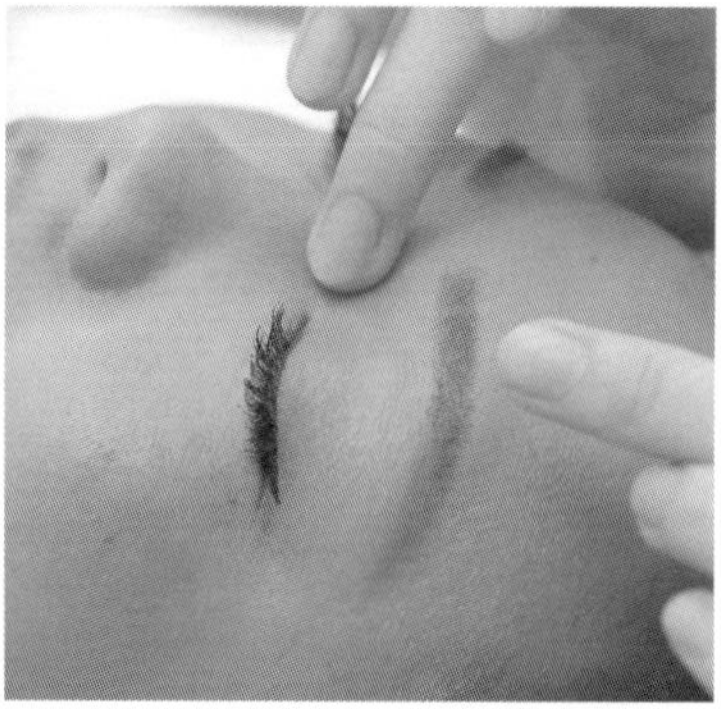

写真3

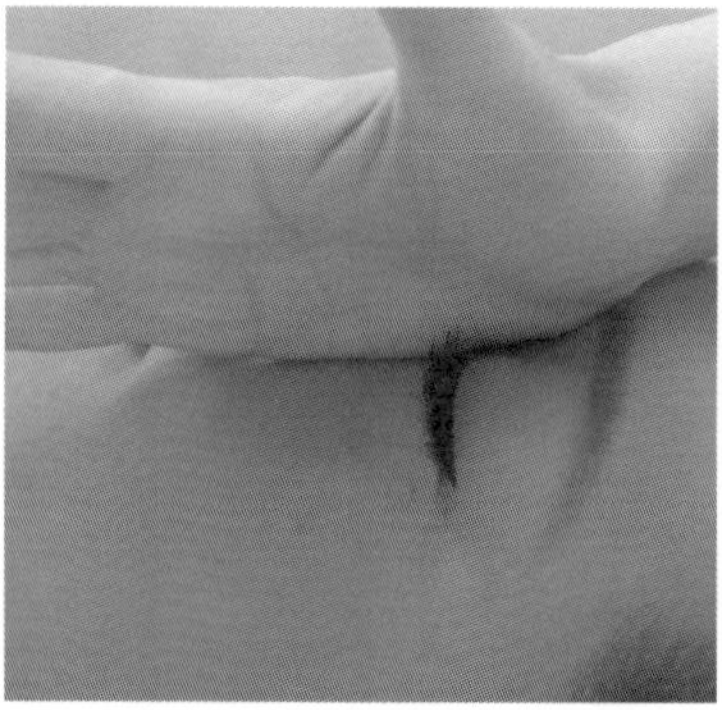

まつげにも注意

お客様の中には、まつげのエクステンションを施されている方もいます。うっかり触れて取れてしまうことのないよう、圧をかけるとき、目だけでなく、まつげにも触れないように注意しましょう（写真3）。

小鼻を押しても効果はない

鼻先の丸みを解消するための手技で、ついやってしまいがちなのは、小鼻を左右から押すこと（写真4）。鼻先には大鼻翼軟骨がありますが、小鼻横の鼻まわりは軟部組織と皮膚のみなので、押しても形のクセはつきません。小鼻の上（大鼻翼軟骨）部分を押すようにします。

写真4

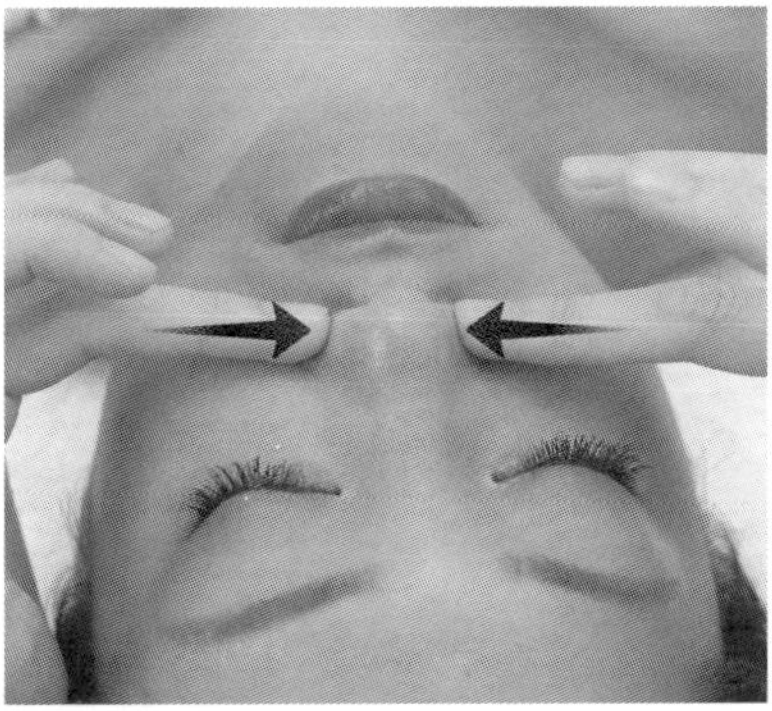

セルフで行う隆鼻矯正

隆鼻矯正をご自宅で行う方法をお伝えしましょう。

あなたが「鼻を高くしたい」「鼻筋を通したい」「丸まった鼻の先端をスッキリさせたい」と思うのであれば、セルフでも矯正は可能です。

ただし、顔全体に歪みがあり、そのことで鼻が引っ張られている場合、顔全体の歪みの矯正が必要になります。鼻を整えようとしても、歪みで鼻がつねに引っ張られている状態にあるので、結果が出ないということになってしまうのです。この場合は、まず頭蓋骨の歪みを矯正してから隆鼻矯正をするということになります。この矯正に関しては、残念ながら、セルフでは行いにくいといえます。

また、隠れ曲がり鼻の場合（76ページ）、左右にアプローチをかけて高さを出していくと、徐々に左右差が明確になってきます。その際の左右差も、セルフでは整えにくくなります。

自分のクセが鼻の形を悪くしている場合は、毎日無意識に行っているクセに気づかないと、矯正を行っても、効果が出にくいでしょう。たとえば、セルフで隆鼻矯正をいくら行っても、うつぶせ寝が好きで、ついついうつぶせ寝を日常的に行っていたら、高さがなかなか出てこない、ということになります。１０８ページからご紹介している「鼻の形が悪くなるＮＧ行為」を参考にしていただき、日頃のクセを見直すようにしましょう。

セルフで隆鼻矯正を行うときの注意点

セルフ矯正は、毎日コツコツ2～3分くらいを継続することが大切です。鏡を見ながら左右対称に行ってください。利き手とそうでない手で力のかかり方が違うようなら、利き手で20秒行う場合、もう片方の手は30秒行うなど力の強さに応じて工夫しましょう。手は清潔な状態で行ってください。また目に近いところで行うので、爪は短くしてください。早く結果を出したいからと、不必要な強さをかけてはいけません。あくまでも自分の手で、力を加減しながら行います。セルフ矯正後、赤みが30分以上も長く残ったり、痛みを30分以上長く感じたりするようなら止めましょう。

セルフケア

鼻の根元の高さを出す

鼻の根元を高くするときは、根元の部分を刺激すると、骨が立ち上がります。

1

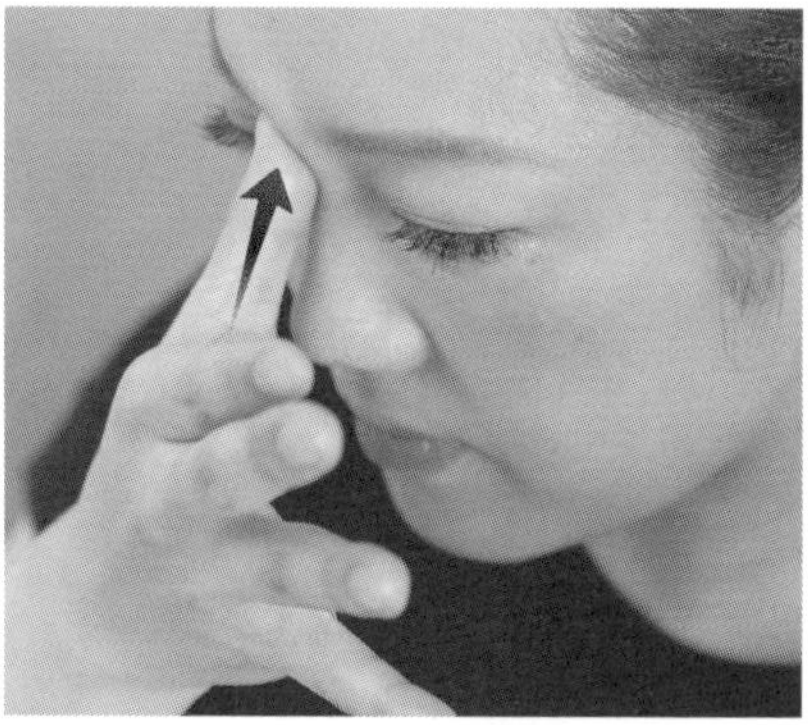

右の眉頭の下、くぼんでいる部分に右の親指を差し込むように入れる。

2

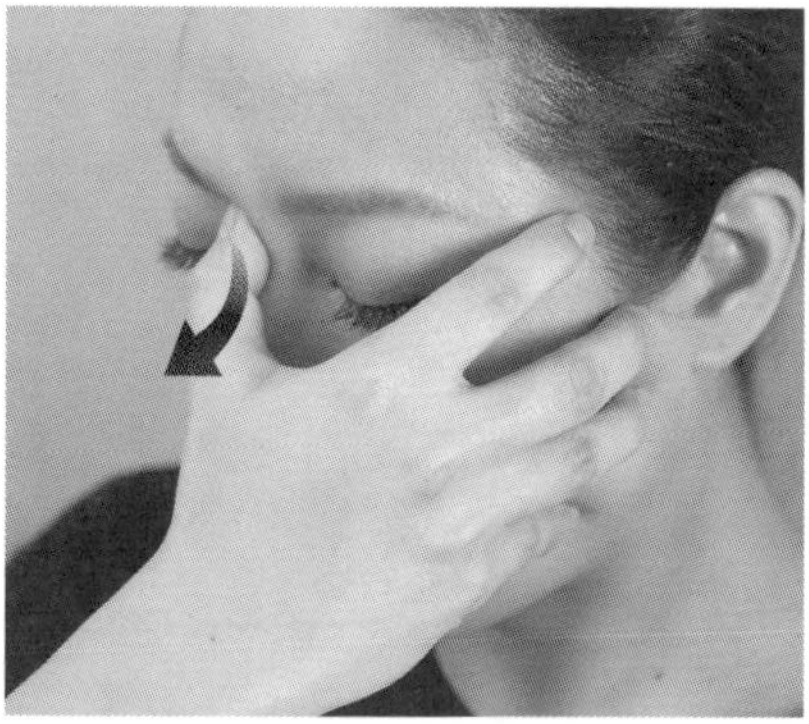

安定するように残りの4指を顔の左側の側面にあて、右の親指で、前頭骨、上顎骨から鼻骨を引きはがすイメージで親指を斜め前（鼻のほう）の方向に押し（20秒）、鼻骨を刺激する。反対側も同じように押す（20秒）。

セルフケア

鼻筋を通す

上顎骨の鼻の部分から鼻骨にかけて、刺激を加えます。鼻の高さが出ると同時にかたくなり、鼻筋がつくられていきます。

1

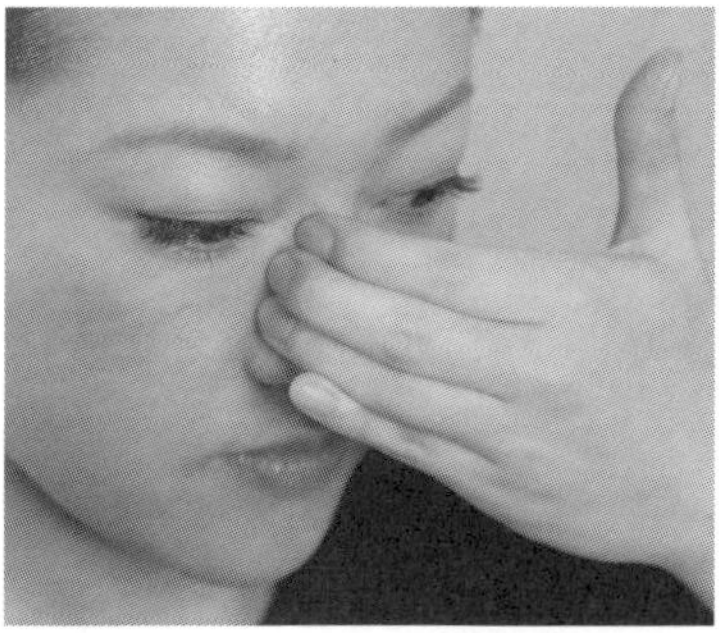

親指以外の4指で左側鼻の横に立てて指をあてる。

2

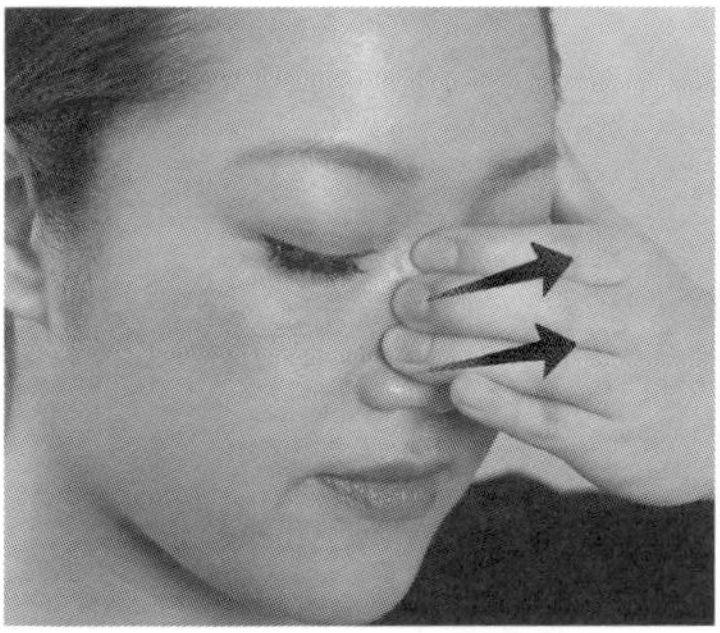

親指をこめかみあたりに置いて安定させ、そのまま4指を親指方向に押す(20秒)。

3

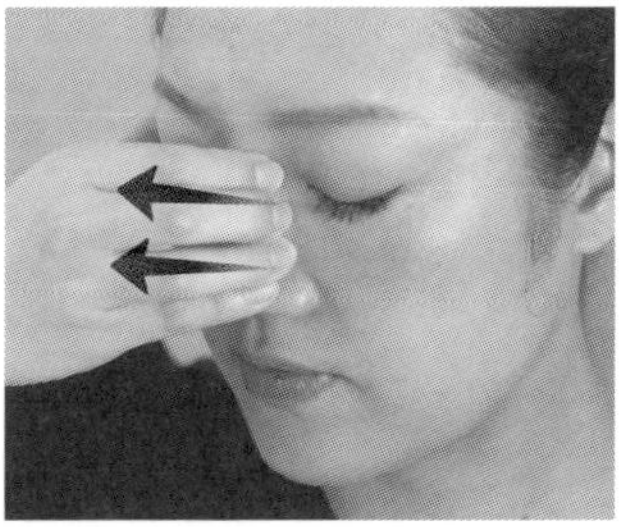

反対側ももう一方の手で行う(20秒)。

セルフケア

鼻の丸みを解消する

軟骨を強く挟みながら少し前に押し出すことで、鼻筋を通すと同時に、鼻先を細くしていきます。

1

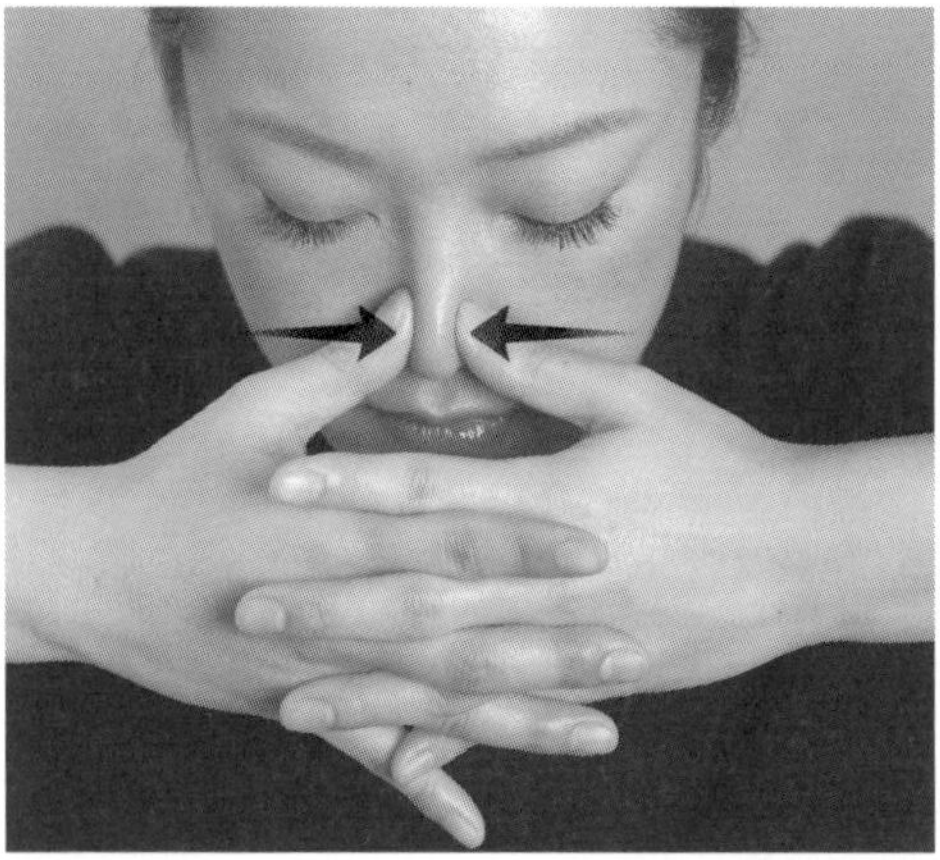

両手の4指を組んで、左右の親指で軟骨の鼻の頭部分をはさむ。挟んだまま、少し前に出す。慣れてきたら軟骨部分を細めるように親指で左右から押す(40秒)。
※動かしやすい軟骨部分だけ強く前に出しすぎると、鼻はむしろふわんと丸くなりますので注意しましょう。キレイな鼻先端をつくるには、鼻先端を細めながら、少し前に出すのがコツです。

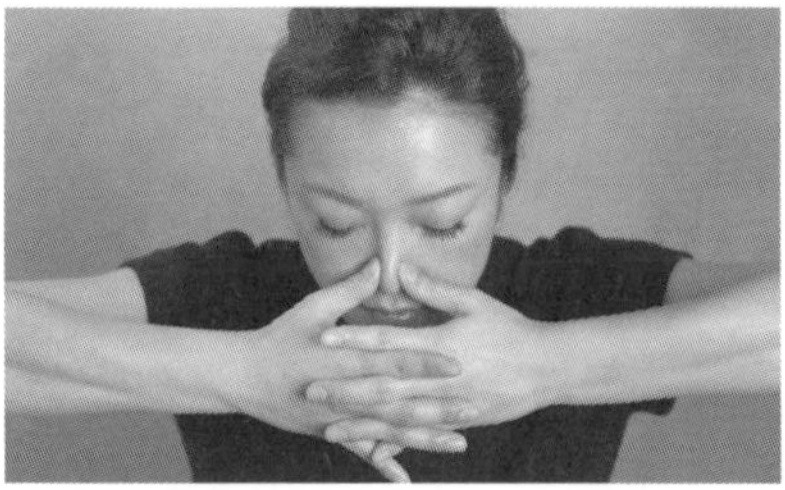

セルフケア

鼻の歪みを整える

写真は、鼻が根元から向かって右に曲がっている場合のセルフケア。左の親指は支えにし、右の親指で少し強めに押していきます。

1

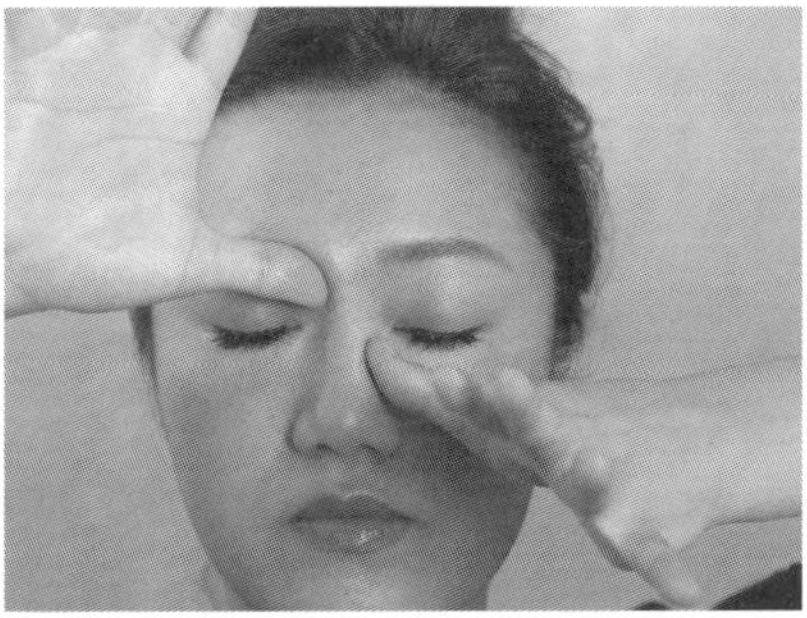

向かって左の眉頭のすぐ下に親指を置き、右側の鼻骨のあたりにもう一方の親指を置く。

2

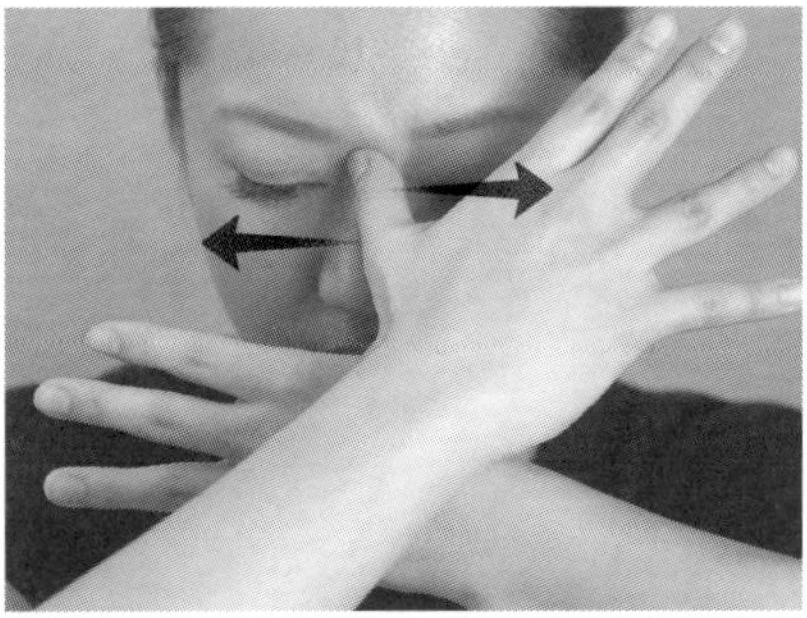

右親指は左に、左親指は右に、上顎骨の鼻の部分と鼻骨を左右それぞれじわりと動かす。頭蓋骨の骨なので、たくさん動くというよりじわりと動く感覚（30秒）。

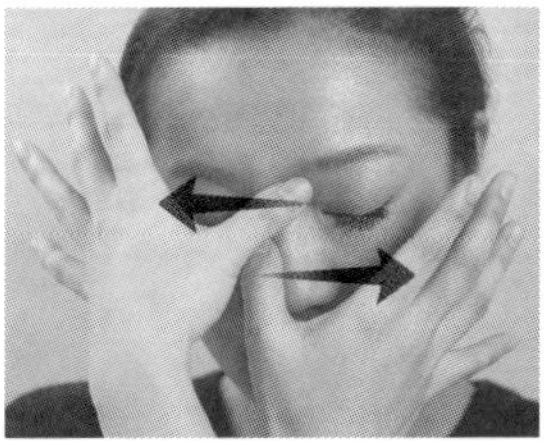

反対に曲がっている場合は逆にする。

鼻の形が悪くなるNG行為

お客様に多い、生活習慣の中で実際に鼻の形を崩してしまう習慣をご紹介します。無意識のうちに、繰り返し、長期にわたって行うことが鼻の形を悪くします。お子さんの鼻を高くしたい、キレイにしてあげたいというお母様は、気をつけてあげてください。これだけでも十分に違ってきます。

うつぶせ

うつぶせに寝ると鼻を押し込んでしまい、鼻の高さが押さえられ、高さが出ないことがあります。また、斜めにうつぶせの形（顔を下に向けるのではなく、左右どちらかに頭を振って、鼻を押す形）で寝てしまうと、鼻は全体的に一方向に曲がります。長い年月をかけて同じ方向に鼻を倒すようにして寝る習慣があると、その形状で鼻が曲がります。気をつけましょう。

鼻を引っぱる

鼻の高さが気になって、左右どちらかの手で鼻をつまんで引っ張るクセがあると、手のクセがついて鼻先端の形状を歪めてしまうことがあります。

また、場合によっては鼻先端が柔らかくふわりと丸くなってしまうことがありますので、鼻の高さを出したい、鼻先端をスッキリさせたい場合は左右同じ指で同じ圧をかけるようにしてください。

鼻をつぶす

鼻が気になって、つい指で押すクセのある方がいます。

また思春期に、自虐的に自分の鼻先をギュッとつぶしていたり、上向きにグイッと押したりして、まわりのお友だちにふざけて見せたりしたことのある人もいるでしょう。その場合、鼻を押して軟骨にストレスを与えているので、鼻の高さが出づらくなることがあります。

大鼻翼軟骨の左右が合うところを押してしまうため、先が開いてしまい、丸みを帯びやすくなります。

また、鼻先を指で挟んで左右に振るクセや、人差し指全体で、鼻先や鼻の穴をこするクセがある方もいます。

1回や2回行ったくらいでは、鼻の曲がりにはつながりませんが、クセは無意識に行っているものなので、気づかないうちに少しずつ鼻の形状を変えてしまいます。

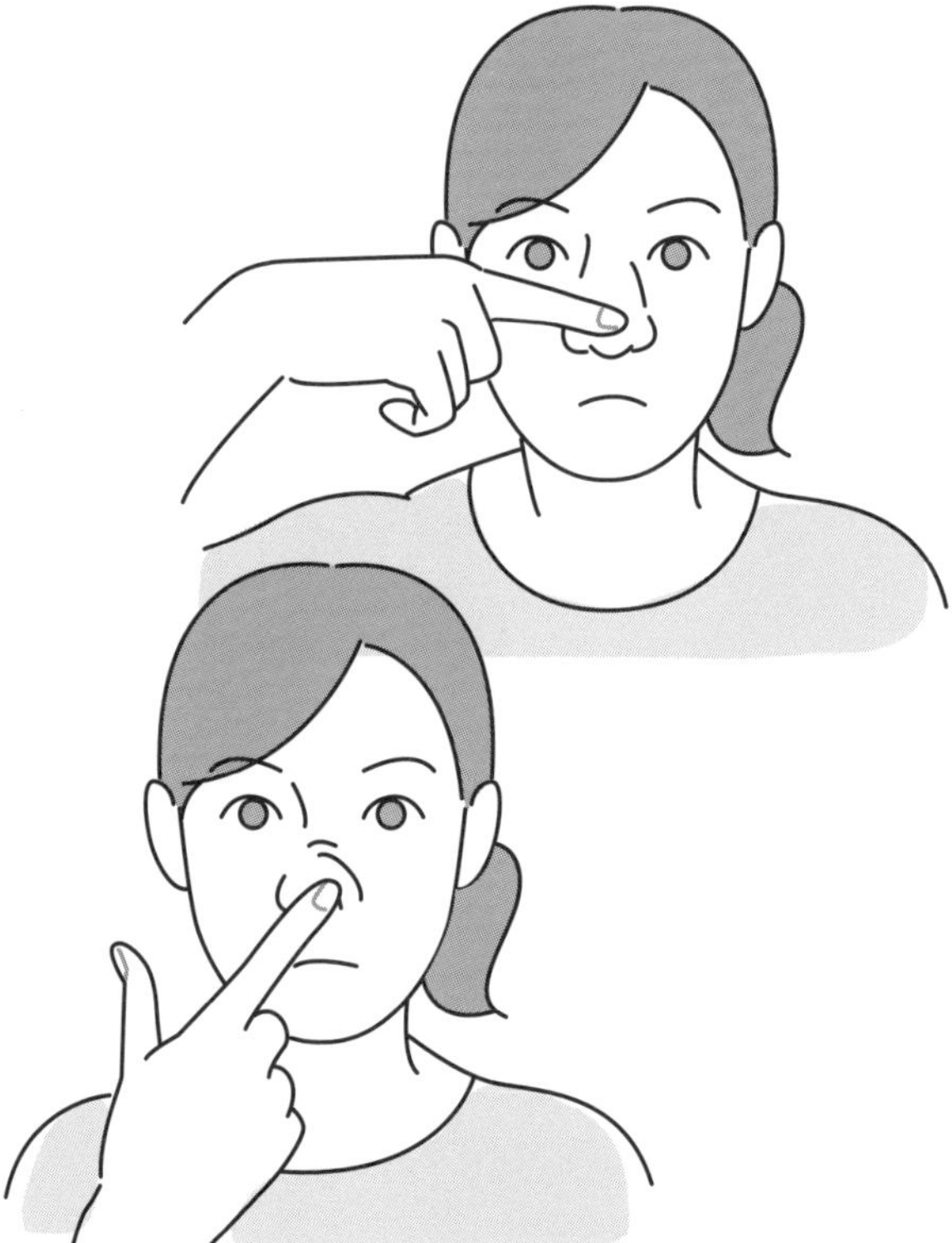

小さい子どもが、友人同士で「変顔」をして遊ぶときなど、まだ成長途中で柔らかい鼻の形が崩れやすくなるので要注意。大人になってもこのようなクセが続いていると、形が崩れている可能性がある。

口呼吸

口呼吸をしていても鼻の高い方もいますが、たいていの場合、口呼吸をして鼻の機能をあまり使わないと、鼻の高さが出づらくなります。口呼吸は、健康的にもウィルスが侵入しやすく、歯周病の原因になるともいわれます。口呼吸をされていたら、なるべく鼻呼吸に切り替えてください。

先天的に鼻の高さが出やすい骨格の方は、幼少期から口呼吸でも、鼻の高さがある方もいますが、そうでない場合、使わない機能は成長しづらく、また発達しにくくなるので、鼻が低くなると考えます。

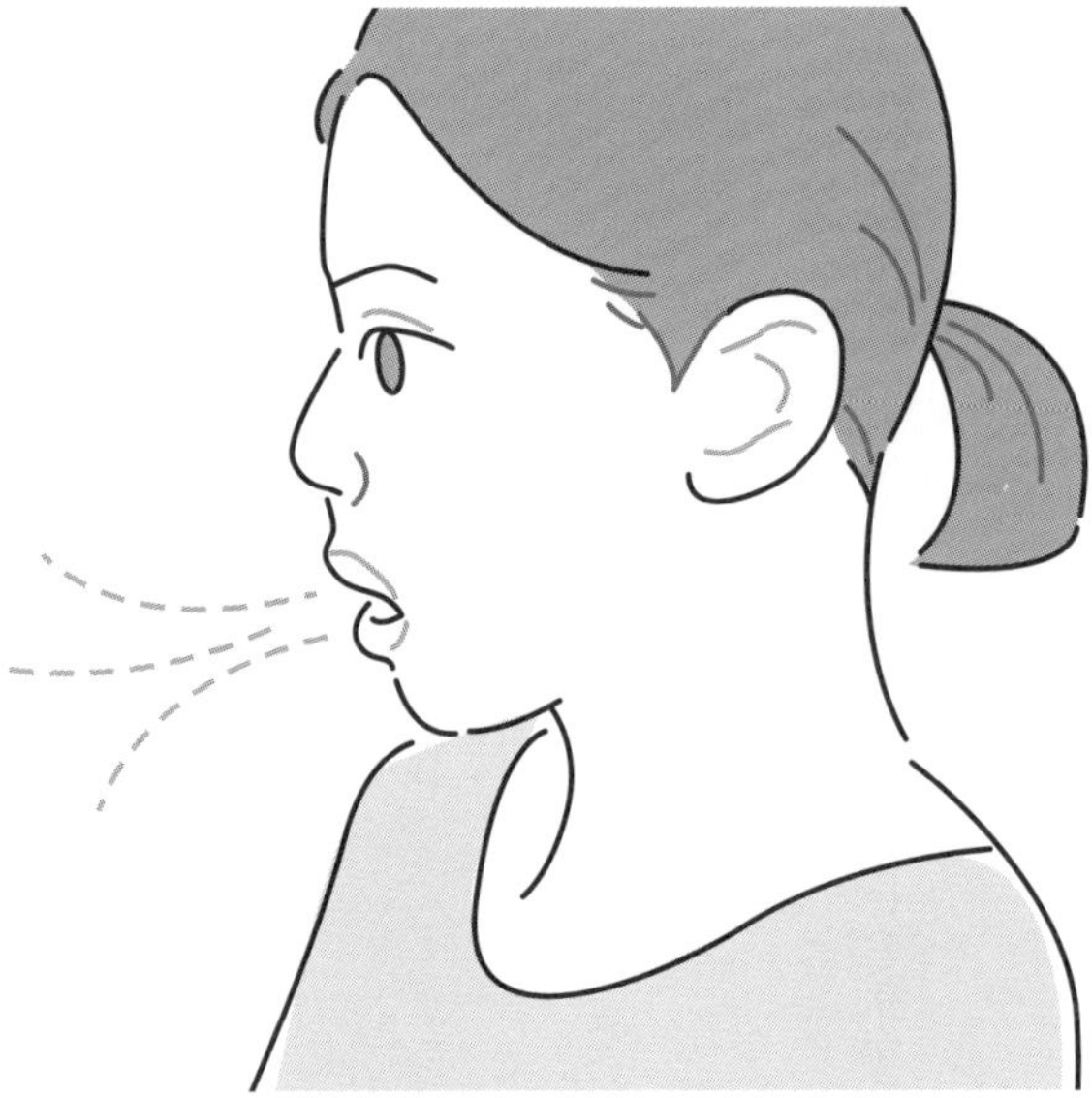

ふだん口を開きっぱなしにして口で呼吸をしている人は要注意。
使わない鼻は低くなっている。

鼻炎

実際に来店されるお客様に、鼻炎があったかどうかをうかがうと、幼少期に鼻炎だった方が一定数います。

鼻炎で鼻呼吸がしづらくて、つい口呼吸が習慣化してしまった、そのことで鼻の高さが出づらかった場合があります。

鼻の高さが出づらくなると同時に、口呼吸によって、舌が歯茎を前に出してしまう位置にあったり、下あごの形状がキレイに発達せず、「アデノイド顔貌（※）」になることがあります。

歯の矯正と同時に鼻の矯正をされる方も一定数いることを考えると、呼吸は顔下半分の形状を変えてしまう可能性のあるほどです。「口」ではなく、「鼻」で呼吸することが大切であると思います。

※アデノイド顔貌とは、鼻腔奥にあるリンパ組織が肥大化することで、顔の骨格に歪みが出たもの。下あごが小さく、後退している、顔が面長になる、下唇が厚いなどの特徴がある。

鼻の触りすぎ

鼻がついつい気になってずっと触ってしまう。ちょっと触ったぐらいではクセはつきませんが、ずっと同じ方向に同じ指で触っていると、5年、10年、20年とその手のクセが鼻に形づいてしまいます。

鼻の曲がりが気になることから、自分で無意識に反対方向に鼻を曲げ、その結果「くの字曲がり」をつくってしまうことがあります。

また鼻の穴に、何かものを詰めることが好きな方もいます。鼻の真ん中の出っ張り（鷲鼻気味）の部分が気になり、長年触って、独特の形状の鼻をつくり上げてしまうこともあるのです。

鏡を見るといつも顔の真ん中にある「鼻」。一度気になってしまうと、つい触りたくなるのもわかりますが、何度も同じ箇所を同じ力で触ることで変化してしまいます。まわりの人に指摘してもらうなど、無意識のうちに行わないよう、ぜひ気をつけてください。

ほおづえをつく

何気なくつくほおづえは、頭の重さで、気づかぬうちに、下あごの歪みをつくる場合があります。こちらも無意識に長年かけて下あごを歪ませていきます。特に、ほおづえがクセになっている人は、左右どちらかにかたよってほおづえをついていると思います。そのせいで、よりいっそう、左右の歪みが生じやすくなるのです。

たとえば、あごを斜め上向きになるように下から押すほおづえは、下あご、筋肉、皮膚が引っ張られて、鼻も同じ方向に曲がることがあります。

また、あごを押さえつけ、あご先が内側に押さえられるのも下あごに影響します。顔の上半分は正面を向いていても、歪みで顔の正中線から、下あごがずれます。

たとえば、生まれつきで頭蓋骨の鼻は右曲がりになったけれど、ほおづえのクセで皮膚を左に引っ張ったことで、軟骨部分から鼻先端が左に曲がり、くの字曲がりになることもあります。

鼻の曲がりの原因はいくつかの理由が合わさって起こることもありますが、日常習慣のクセでも曲がりを複雑化してしまうことがあります。

なるべくほおづえはつかないように気をつけましょう。

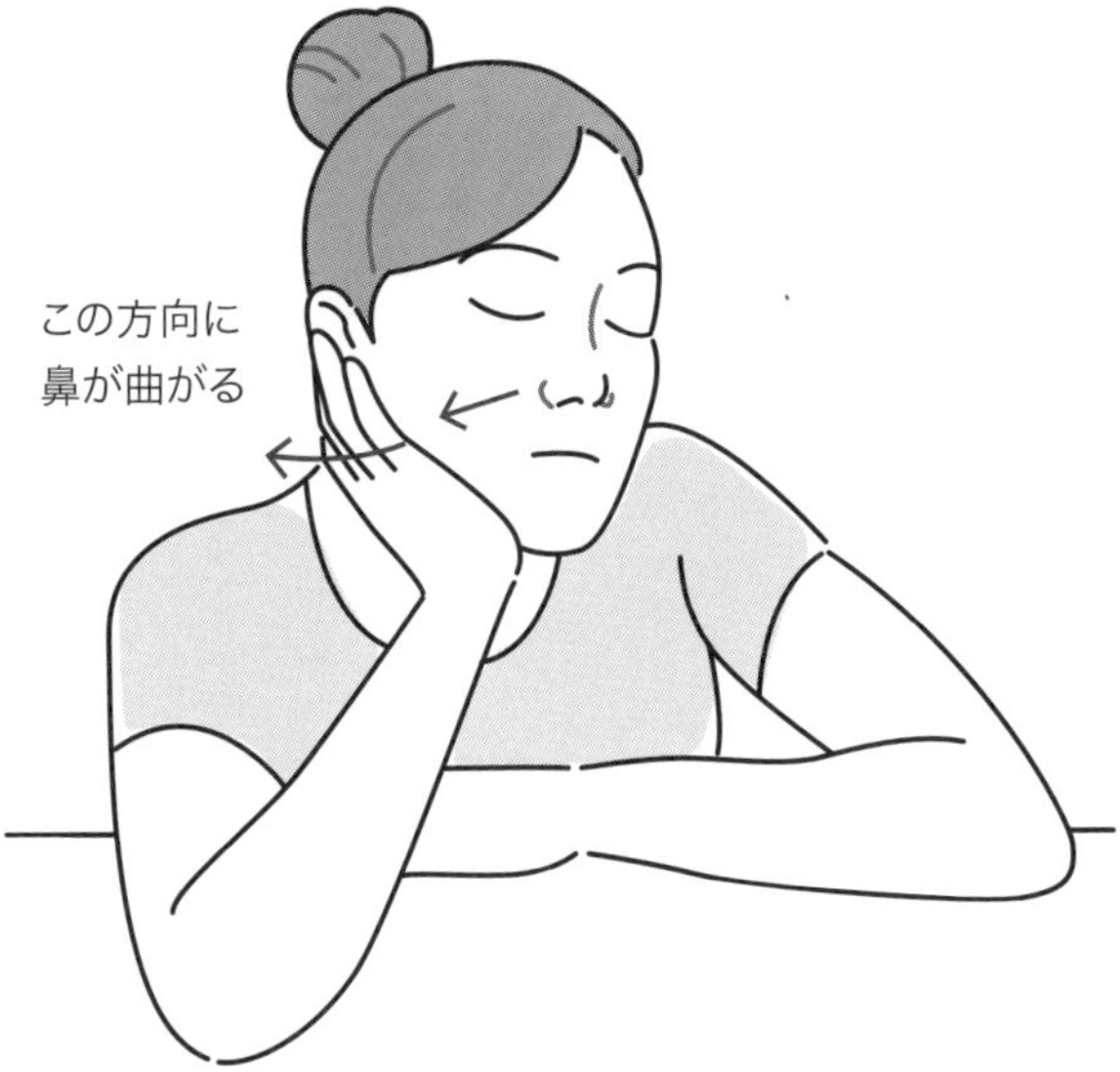

顔を内側に押すようなほおづえで
あごの位置がずれる

鼻のかみ方にも注意！

鼻をかむときについ鼻をギューッと押しつぶすクセがある方がいます。鼻をかむたび押しつぶすと、それが軟骨の形に影響します。そのことで、鼻の高さが出なかったり、鼻先端が丸みを帯びてしまうことがあります。

いつものクセが治らない限り、隆鼻矯正をサロンで受けている方、自分で隆鼻矯正を行っている方は、結果が出にくくなってしまいます。

鼻をかむときは、鼻全体を押しつぶさないようにしましょう。また、かんだあと、ティッシュで鼻を挟んだまま、鼻水をティシューでふき取ろうと、鼻をねじるようにする人がいますが、これも歪みの原因となります。注意してください。

こちらも1回、2回では形は変わりませんが、5年、10年、20年と、長い期間、回数で変形していきます。

鼻全体を強く押さえ、鼻をつぶしたり、ねじったりすると、
鼻の歪みの原因になる。

コラム

マスクのつけ方にも要注意!!

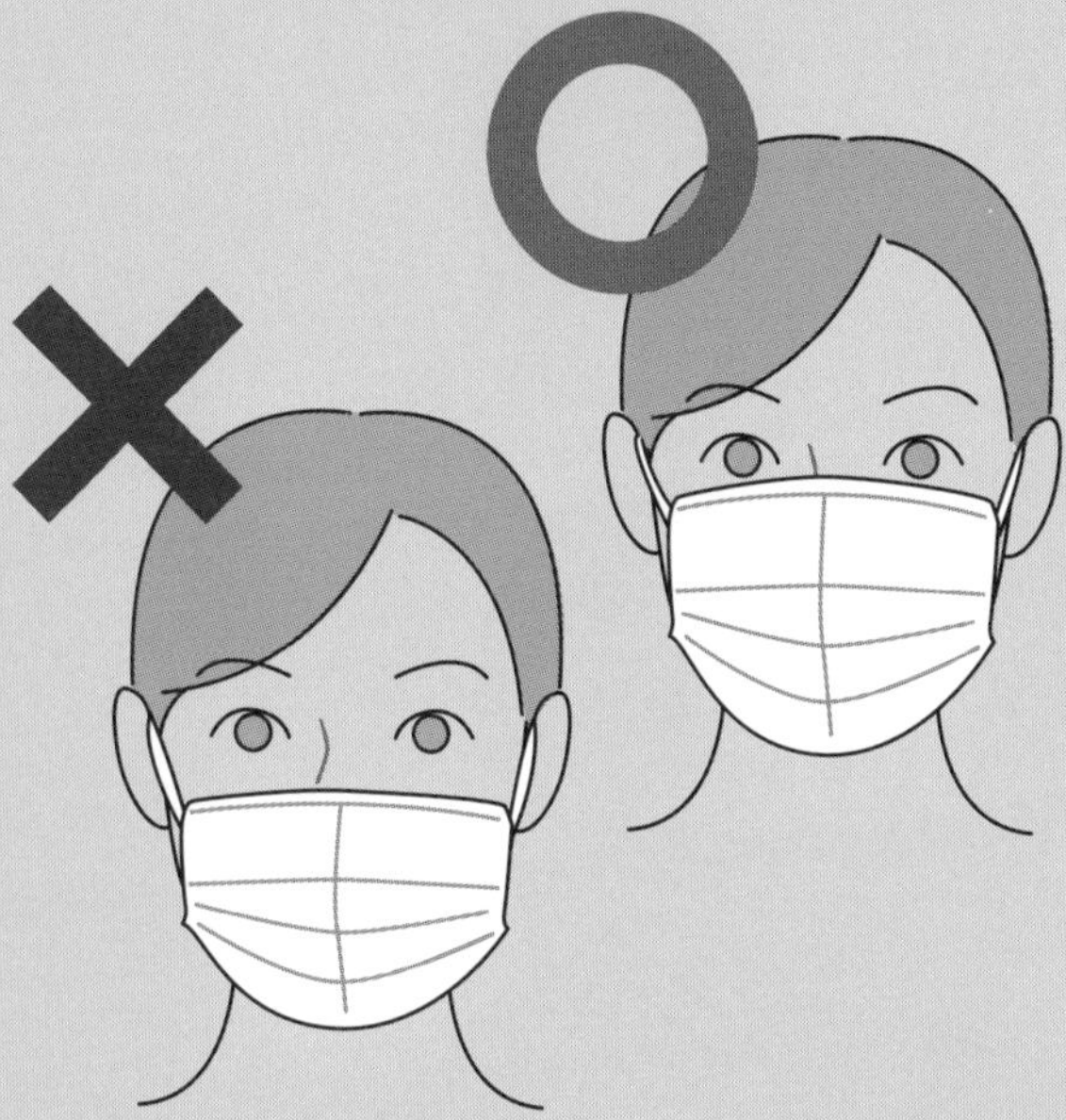

顔に密着させ、1日中つけたままにしているマスクも、つけ方によっては鼻に負担をかけることになります。マスクは、軟骨の部分にあてるのではなく、鼻骨にかかるようにあてましょう。鼻筋から鼻先にかけて、マスクをピッタリつけると、呼吸もしづらくなりますし、鼻をつぶす原因にもなります。

ひだのあるマスクなら、端は顔に密着していても、ひだ部分を広げると、鼻にふんわりとかかり、ゆとりをもたせてつけられます。

―第4章―

隆鼻矯正について Q&A

「進化」する鼻のお悩み

サロンをはじめた当初は、漠然と「鼻を高くしたい」というお客様が多かったのですが、だんだんと鼻の高さだけではなく、「鼻筋を通したい」「小鼻を目立たなくさせたい」「上を向いている鼻を変えたい」「鼻の幅が気になる」等、悩みがきめ細かくなってきました。

そのお客様の悩み一つ一つになるべく寄り添えるよう、お話を細かくうかがい、それに適した技術改良をしてきました。

このサロンは、お客様とともに歩み、進化してきたともいえます。これからもさらにご期待に沿えるよう、技術改良していきたいと思います。

ここでは、サロンのお客様からいただくさまざまな質問の中から、多かったものをご紹介します。参考になさってください。

Q1 鼻先が丸いのが気になります。とがった鼻に憧れているのですが、できますか？

鼻の根元から高さを出し、同時に鼻筋が通ってくると、先端の軟骨部分もかたさと高さが出てきます。それにより、鼻先端の丸みが目立たなくなってきます。鼻全体の形がキレイに整うことで、視線が先端にいきにくくなり、丸みも目立たなくなります。19ページのビフォーアフターの写真をご覧ください。先端は必ずしもとがってはいませんが、全体が整うと先端の見え方も変わってきているかと思います。

Q2 鼻が上向きで、鼻の穴が目立つのが気になります。見えなくすることはできますか？

鼻を根元から高さを出して同時に鼻筋が通ってくると、鼻先端が下を向いてきて、鼻の穴が目立たくなります。

また、正面から見て、完全に鼻の穴が見えない方のほうが、実際には少ないのです。私自身は小さいころ、本当に鼻が低くて、どの写真を見ても「鼻＝穴」というくらい、鼻が低かったのです。そして鼻の穴は大きい真ん丸でした。

成長期とともに鼻の形は高さとかたさが出て、上向きの鼻は少し下向きになり、鼻の穴の形も真ん丸ではなくなりました。矯正により、さらに鼻の根元の高さが出て、鷲鼻も目立たなくなりました。穴の大きさは、相変わらず大きいですが、鼻の高さが出たことで鼻の穴が以前より気にならなくなりました。鼻は変わります。

Q3 小鼻が目立つのがコンプレックスです。小さくできるのでしょうか。

たとえば、鼻全体が高く、大きく、小鼻の穴の大きさが気になる、ということでしたら、隆鼻矯正よりも、美容整形で穴だけ縮めるほうが早いでしょう。

しかし、鼻の高さがないために、小鼻そのものに目がいくということでしたら、隆鼻矯正をおすすめします。まず、根元の高さ、鼻筋、鼻全体の形をキレイに整えることで、小鼻の形状も見え方がだいぶ変わってきます。

矯正により、先端がすっきりと見えてくると、小鼻が大きかったのではなくて、小鼻に対して鼻全体が前に出ていなかった、鼻筋が目立たなかったから小鼻に目がいってしまっていた、という方は意外と多いです。

Q4 曲がった鼻を真っ直ぐにするには、期間はどれくらいかかりますか？

曲がった鼻は、どのような経緯で曲がったのかを、まず具体的に問診しながら、確認していきます。その後、実際に施術を行ってから、効果を体感できるおよその目安が出るものとお考えください。

たとえば、生活習慣や、外部からの衝撃などで、複雑な曲がり方をしていたり、または、曲がりが強く、かたくなってしまっていると、本来の真っ直ぐな鼻筋に近づけていくのには回数が必要です。

Q5 男性でも受けられるのでしょうか?

来店されるお客様の3割は男性です。高さが気になる方もいれば、曲がりが気になるという方もいます。

学生のときにサッカーやボクシングをしていて、鼻を打って曲がってしまった方もいます。社会人になってから気になるようになり、耳鼻咽喉科に行ったけれど、(機能的には問題ないので)美容外科をすすめられてしまい、外科手術を受けない方法を調べて、当サロンを見つけた、というお客様も多くいらっしゃいます。

Q6 1回の施術でどれくらい効果が出るものでしょうか？ また、メンテナンスは必要ですか？

1回の施術で効果を体感される方が多いですが、個人差はあります。効果を定着させるためには、最初は1〜2週間に1度通われることをおすすめしています。具体的に、どのくらいの期間をあけて通っていただくとよいかは、お客様によって異なります。ご来店時にお客様の顔および鼻、また交通事情などを考慮しつつ、おすすめの日にちのご案内をしています。

鼻は、元の状態には戻りにくいですが、鼻以外の顔は、個人差はあるものの、およそ1か月で徐々に戻っていきます。これはその方の顔や身体の使い方、クセに影響されてしまうからです。

Q7 隆鼻矯正はどのくらいの期間を目安に考えればよいですか？

いつまでにお鼻の高さを出したいかにもよります。

たとえばサロンでは、10回の施術コースがあります。早く鼻全体を整えたいのであれば、毎週施術を受けていただくと、2か月半で鼻全体がすっきりとしてきます。

さらに鼻先端の丸みをもっと目立たなくしたいということであれば、20回のコースで、毎週施術をうけていただくと、半年でお鼻先端までスッと整ってきます。サロンには、100回以上通われるお客様も多く、実際に施術前と鼻の形が大きく変化していると体感されているので、「欲が出ますよね！」と、隆鼻矯正の効果を楽しんでくださるようです。

Q8 途中で行かなくなってしまうと元に戻ってしまうのでしょうか?

一度高さが出た鼻は、元には戻りづらいです。

歯列矯正されたことのある方はイメージしやすいかと思いますが、矯正器具を外した瞬間は100%歯並びが整いますが、外して数年すると、少しだけ歯が動きますね。もちろん元の歯並びには戻ってはいません。完全に整った前歯が少しだけ前に出たような気がする。少しだけ下の歯が動いたような気がする。そのようなことはあるかと思います。鼻の矯正も同様に、止めてしまっても完全には戻りづらいですが、少しだけ戻ったような気がする、ということはあり得ます。

ちなみに私は、鼻の矯正のレクチャーを施術者に行うため、サロンをはじめた当初は全然感じなかった鼻の根元の骨がしっかりと盛り上がっていて、戻る気配がまるでありません。ラプリをはじめてからどんどん鼻が高くなっています。

Q9　いつも2月から4月のはじめまで花粉症です。その時期は避けたほうがよいでしょうか。途中お休みして、再び施術に通うとどうなりますか？

花粉症でもサロンにいらしていただいて、全く問題はありません。鼻をかみたいときは、途中かんでいただいても大丈夫です。

重度の花粉症で呼吸がしづらく、鼻の矯正をするのが怖いという思いがあるようでしたら、その間はお休みいただいても問題ありません。

途中お休みして、また施術に通うと、通い出してからさらに鼻がキレイに整います。休んでいる間、鼻が元に戻ってしまうかも……と思われるかもしれませんが、Q8にあるとおり、元には戻りづらいのです。

花粉症の間、お鼻のかみ方だけはご注意ください（118ページ）。鼻をつぶすようなかみ方を繰り返し行うと、鼻の形が崩れてしまいます。

Q10 近くに隆鼻矯正のサロンがないので、お店の側に滞在し、短期間で矯正したいのですが、毎日施術を受けることは可能ですか？

隆鼻の施術をはじめて受けた方は、次のご予約は早くても1週間先とさせていただいています。はじめて受けられるとき、鼻に少し違和感や痛みを感じられる場合がありますので、状態が安定してから2回目の施術を受けていただきます。2回目以降は最短で2日あけての施術が可能です。

隆鼻の施術の際、皮膚を若干こすりますので、連日の施術はお断りしております。海外から訪日で施術を希望される方もいらっしゃいますが、期間などについては、サロンにいらしたときにご相談ください。

Q11 隆鼻矯正と併せて歯列矯正も考えています。平行して行うことはできますか？

歯列矯正をしながら同時に隆鼻矯正を受けることは可能です。

歯列矯正中である、または平行してはじめたいというお客様は、必ず言っていただくよう、お願いいたします。

サロンに通いながら歯列矯正をスタートをする方は、施術の際に、歯列矯正の状況をお知らせください。

Q12 美容整形をしていますが、受けられますか？

部位と時期と何を受けられたかによります。

たとえば、鼻筋にプロテーゼが入っている場合は、基本的に隆鼻矯正は受けられません。鼻の先端のみにプロテーゼが入っている場合は受けられます。

鼻筋にプロテーゼが入っていて、高さを隆鼻矯正で出したいというご希望の場合は、プロテーゼを抜去していただき、その後6か月を経過してからの施術となります。

また鼻にヒアルロン酸やレディエッセ（26ページ）を入れたばかりの方は基本的に隆鼻矯正は受けられません。ヒアルロン酸やレディエッセが残存している状態で隆鼻矯正を受ける場合、注入箇所を避けて施術しますので、注入物のない方よりも隆鼻効果の体感が遅くなる可能性があります。

二重瞼（特に部分切開及び全切開）の手術をしたばかりの方、目頭切開の手術後隆鼻矯正をご希望の方は、切開の手術跡が完治してからの施術となります。隆鼻矯正は、鼻周辺の皮膚を少しこするので、同時に目の周辺皮膚が少し動きます。治りかけの皮膚を少しでも動かすことは望ましくないと考えます。

目の美容整形に関わらず、顔の部分を切開手術したばかりの抜糸前、および抜糸してすぐの方への施術はお断りしています。

これらの場合は、事前に主治医の許可を得たうえでご予約ください。また個別に事前相談をお願いします。なお、美容整形されたことを告知されずに起こった不具合については、お客様ご自身で対処していただくこととなります。必ず告知してください。

コラム

お子様の鼻に悩むお母様へ

「子どもの鼻が低いかも……。もしかしてこのまま高さが出なかったらどうしよう」と、お子様の鼻の形を心配されるお母様からのお問い合わせをいただくことがあります。実際にお子様を連れて来られるお母様もいましたが、成長期にあるお子様の鼻もまた成長途中です。

お子様の鼻を健やかに育てるために一番大切なことは、鼻の高さ、形の成長を損なう行為をさせないことです。

たとえば、お子様の鼻は引っ張らないでください。普通、鼻を引っ張るとき、親指と人差し指で引っ張ると思いますが、親指と人差し指では、鼻に触れる面や力が違います。小さいときから、絶えずこのように引っ張ることが多いと（親御さんだけでなく、お子様ご自身も）、親指と人差し指の力の差で、軟骨の歪み、左右差を生じる可能性があります。

実際、親御さんの指のクセがそのままお子様の鼻を形成してしまった例もあります。長年引っ張り続けていると、元に戻すことに時間と回数がかかってしまいます。

column

お子様が鼻をつぶすクセがあるようでしたら、すぐに止めさせてください。

つぶすクセで鼻先端の軟骨が一定のかたさにならず、柔らかさがより強調されてしまった状態になると、鼻がキレイに育たず、丸みが強くなり、悩みの元となる可能性があります。

鼻のかみ方についても、鼻をつぶすようなかみ方はすぐに止めさせてください。

鼻をつぶす形でのうつぶせ寝は、鼻の高さが出にくくなる場合、また鼻の曲がりが生じる場合があります。

お子様が鼻呼吸でなく、口呼吸をしていたら、なるべく早い時期に鼻呼吸になるようご指導ください。鼻呼吸の大切さは周知の事実ですが、口呼吸をして鼻呼吸をしないと、使われない鼻はきちんと育たず、キレイな鼻の高さ、形にならない場合があります。

口呼吸のせいで、顔の下半分の形状が、大人になってから悩みの元になる場合もあります。

こちらの原因でご来店されるお客様例もあります。

詳細は、１０８ページの「鼻の形が悪くなるNG行為」も、ご参照ください。

おわりに

手技で鼻を美しく整える――この手技は概念としてはずっと前からありました。しかし、隆鼻専門店として、ご来店いただくお客様すべてに効果を出せるものかというと、技術及び理論はまだまだ不安定なものでした。

お客様のニーズに合わせて少しずつ改良を重ね、技術を確立しました。また同時に、耳鼻咽喉科、美容外科、解剖学のドクターにアドバイスをいただき、あちこちで情報収集を行うなどして理論も明確にしてきました。

私は、隆鼻矯正の技術、理論を、ゼロの状態からここまで進化させました。なぜなら、教えを乞おうにも、私ほど一途に、隆鼻矯正に取り組んでいる方はどこにもいなかったからです。

私自身、同時にたくさんのことができるような器用なタイプでなく、一つのことに集中すると、まわりの目を気にせず、ずっとそれを飽きずに続けられるという個性があります。

この本を手に取ってくださった方の中にも、私のような個性の方がいらっしゃると思います。自分の仕事に悩んだら、ずっと飽きずに続けられる好きなことを仕事にするという選択肢もあるのかなと思います。仕事におけるストレスはないし、社会でニーズがあればずっと続けていてもよいのですから。何かに集中してずっと続けることで、形になることもあります。

サロンでも、鼻以外のメニューをたくさんおけば、隆鼻矯正で大した結果が出せなくも、言い訳ができます。逃げることができます。しかし私は後戻りできないように、できない言い訳をしないように、人生を「鼻」の矯正一本にかけてみようと、後ろの扉を閉めました。

その思いに賛同してくださったお客様のご協力があり、今の隆鼻矯正があります。お客様が、隆鼻矯正の効果を体感してくださり、「鼻が高くなった」「眼鏡が落ちなくなった」「通う前は鼻のことばかり考えていたが、あまり鼻のことを考えなくなった」と、たくさんの喜びの声をいただきます。お客様が喜んでくださることは、施術者にとってこのうえない幸せであり、やりがいがあります。人生をかけた仕事に、これからも精進してまいります。

本書をお読みいただき、どうもありがとうございました。

天野由紀子

天野 由紀子（あまの ゆきこ）

一般社団法人 日本隆鼻矯正協会 代表理事。株式会社 ラプリ代表取締役。他業種に従事していたが、以前からずっとやりたいと思っていた美容の世界に飛び込む。自らの悩みであった鼻の矯正に興味を持ち、隆鼻矯正について研究をはじめる。隆鼻を本格的な手技で行うサロンなどがなく、また鼻矯正の真髄が知れるようなスクールもなかったため、美容整形外科医をはじめとする医師から骨格、鼻の軟骨の構造など裏づけをとりながら、自身で隆鼻矯正術を開発。女性誌、テレビをはじめとする多くのメディアで話題となり、ミスコン出場者や、テレビ、ユーチューブの出演者の来店も多い。現在は直営店とフランチャイズで、全国にサロンを展開し、フランチャイズへの問い合わせも殺到。「隆鼻矯正」のほか、鼻に関わる商標登録を５つ取得。ベストオブミス（ミスユニバース・ミスグランドジャパン・ミスユニバーシティ）2020年東京理事。

【公式ホームページ】
https://raplit.com/

公式HP

【ブログ】
https://ameblo.jp/ryubi-vivi/

【Instagram(@raplit_official)】
https://www.instagram.com/raplit_official/

【Twitter(@InfoRaplit)】
https://twitter.com/InfoRaplit

【YouTube(@ 隆鼻矯正専門店 Raplit ラプリ)】
https://www.youtube.com/channel/UCZPMFWf_q--shnx2Ro3zKNA/

【TikTok（@raplit_official)】
https://www.tiktok.com/@raplit_official

手技で鼻を高くする
美鼻革命
「隆鼻矯正」の施術とセルフケア

2020年8月5日　初版第1刷発行

著　者　天野由紀子
発行者　東口 敏郎
発行所　株式会社BABジャパン
〒151-0073 東京都渋谷区笹塚1-30-11 4F・5F
TEL: 03-3469-0135　FAX: 03-3469-0162
URL: http://www.bab.co.jp/　E-mail: shop@bab.co.jp
郵便振替00140-7-116767
印刷・製本　中央精版印刷株式会社

ISBN978-4-8142-0328-4 C2077

モデル・協力　菅野沙織（株式会社 ラプリ）
撮影　山野知隆
イラスト　佐藤末摘
デザイン　大口裕子

BOOK Collection

1回で結果が出る!　解剖学に基づくソフトな軽擦法

フェイシャル・エフルラージュ

『8つのカラーと26の精油で「今」を変える』　精油、チャクラ、ホルモン分泌器官のシンプルで奥深い関係を知る　色と香りの波動が共鳴し、内に秘められた「本当の自分」と出合う。最高の人生の創造が始まる!　多くの受講生が感動した「奇跡のアロマ教室」で大人気の「チャクラ講座」がついに書籍化!

●小澤智子 著／野溝明子 監修　●A5判　●200頁　●本体1,600円+税

解剖学に基づく柔らかい軽擦法で“驚き”の効果!

エフルラージュの教科書

筋肉の状態に合わせた、優しいタッチで結果を出す!　解剖学的裏付けで説明もできるからリピート率大幅UP!　エフェクティブタッチ・テクニークは、セラピスト自身が「楽しみながら」、クライアントに「幸せと感動」を与える技術です。

●小澤智子 著／野溝明子 監修　●A5判　●208頁　●本体1,600円+税

この1冊でサロンメニューが増える!

サロンで使える実践フェイシャルテクニック

35パターンのテクニックを写真で詳しく紹介!　この1冊で完璧なトリートメント技術が身に付く!　■内容：フェイシャルと皮膚構造の基礎知識／施術の準備／ベーシックテクニック／部位別テクニック／悩み別テクニック／メイクを落とさないテクニックなど

●小野浩二 著　●A5判　●147頁　●本体1,200円+税

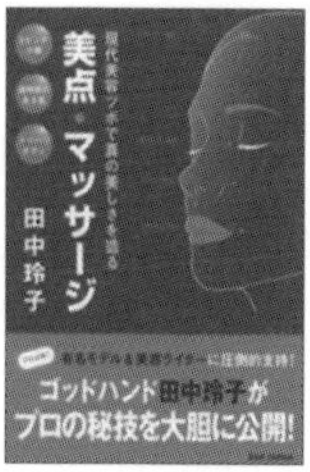

現代美容ツボで真の美しさを造る

美点マッサージ

プロ必携!　現代人を救うツボがある!　美点とは・・・それは、従来のツボより1000倍の美容効果がある、現代人のための現代美容ツボ。たった一回の施術で小顔・メリハリボディ・透明感のある肌が得られます。ゴッドハンド田中玲子が12万人を施術してわかった新たな美容ツボの厳密な位置を初公開。

●田中玲子 著　●A5判　●158頁　●本体1,600円+税

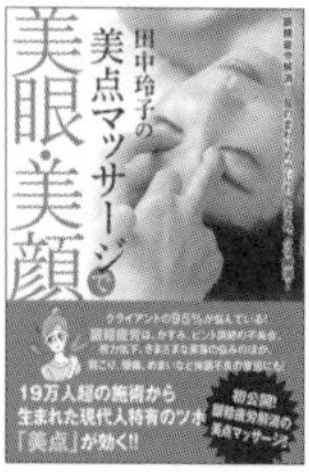

眼精疲労解消!　目のまわりの小じわ、たるみ、クマ解消!

田中玲子の美点マッサージで美眼・美顔

初公開!　眼精疲労解消の美点マッサージ!!　19万人超の施術から生まれた現代人特有のツボ「美点」が効く!　眼精疲労は、かすみ、ピント調節の不具合、視力低下、さまざまな美容の悩みのほか、肩こり、頭痛、めまいなど体調不良の原因にも!　目の疲労が取れると、世界が変わる!!

●田中玲子 著　●A5判　●144頁　●本体1,500円+税

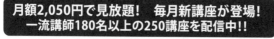

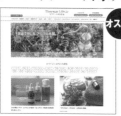